10
GRANDES
NOMES

10+10

PARA O
FUTURO
DO VAREJO

10
TEMAS
ESTRATÉGICOS

Presidente do conselho:
Maurício Sita

Presidente:
Alessandra Ksenhuck

Vice-presidentes:
Cláudia Pires e Julyana Rosa

Diretora de projetos:
Gleide Santos

Gerente editorial:
Anselmo Vasconcelos

Editora Júnior:
Júlia Almeida

Assistente editorial:
Emerson Xavier

Capa e projeto gráfico:
João Mosterio

Diagramação:
Gabriel Uchima

Revisão:
Fadua Matuck e Sérgio Nascimento

Revisão editorial e artística:
Renato Müller

Impressão:
Printi

Dados Internacionais de Catalogação na Publicação (CIP)
(Câmara Brasileira do Livro, SP, Brasil)

10 + 10 : 10 grandes nomes + 10 temas estratégicos para o futuro do varejo / [organização Alberto Serrentino, Eduardo Terra]. -- São Paulo : Literare Books International, 2025.

Vários autores.
ISBN 978-85-9455-421-5

1. Comércio 2. Cultura organizacional 3. Estratégia empresarial 4. Gestão de negócios 5. Inovação 6. Mídias digitais 7. Responsabilidade social corporativa 8. Transformação digital 9. Varejo - Empresas - Administração 10. Varejo - Marketing I. Serrentino, Alberto. II. Terra, Eduardo.

25-274839 CDD-658.87

Índices para catálogo sistemático:

1. Varejo competitivo : Inovação : Transformação digital : Administração 658.87

Eliete Marques da Silva - Bibliotecária - CRB-8/9380

Literare Books International.
Alameda dos Guatás, 102 – Saúde – São Paulo, SP.
CEP: 04053-040
Fone: +55 (0**11) 2659-0968
site: www.literarebooks.com.br
e-mail: literare@literarebooks.com.br

MISTO
Papel | Apoiando o manejo florestal responsável
FSC® C196274

10 + 10

10 GRANDES NOMES

10 TEMAS ESTRATÉGICOS

PARA O FUTURO DO VAREJO

Organizadores e autores

Alberto Serrentino
Cofundador da btr varese

Eduardo Terra
Cofundador da btr varese

Coautores

Daniel Mazini
Ex-CEO Amazon

Centralidade no cliente

Fred Trajano
CEO Magalu

Varejo tech

Fernando Yunes
Country Lead Mercado Livre

Cultura e organização

Paulo Correa
CEO C&A

Canais digitais e omnicanalidade

Belmiro Gomes
CEO Assaí

Modelo operacional

Marcelo Pimentel
CEO GPA

Retail media

Marcilio Pousada
Chairman e ex-CEO da RD Saúde

Loja *hub*

Alê Costa
CEO Cacau Show

Ecossistemas de negócio

Sergio Zimerman
CEO Petz

Novo marketing

Fernando Modé
CEO Boticário

Responsabilidade social corporativa

PREFÁCIO

O varejo em transformação: navegando pelas complexidades do futuro

Cleber Morais,

Diretor-geral para o Brasil da Amazon Web Services (AWS)

Em um mundo no qual a única constante é a mudança, o varejo se destaca como um dos setores que mais diretamente reflete as transformações da sociedade. Entre a necessidade de digitalização acelerada, a evolução dos comportamentos de consumo e as mudanças nas expectativas dos clientes, nunca foi tão desafiador – e ao mesmo tempo tão estimulante – estar à frente de um negócio de varejo. Esse é o cenário que Alberto Serrentino e Eduardo Terra capturam de maneira exemplar nesta obra que marca os 10 anos da btr varese.

O livro que você tem em mãos não é apenas uma celebração de uma década de trabalho dedicado ao varejo brasileiro, mas é também um mapa para navegar pelo futuro do setor. Ao reunir 10 temas estratégicos e as perspectivas de 10 executivos que lideram algumas das mais importantes empresas do varejo nacional, os autores apresentam um conteúdo valioso tanto para quem já atua no segmento quanto para quem deseja compreender as engrenagens que movem esse universo.

A jornada proposta por Alberto e Eduardo começa pelo aspecto mais fundamental do varejo: a centralidade no cliente. E disso eu posso falar com bastante propriedade, já que no mundo Amazon nós não só praticamos esse conceito no dia a dia, mas vamos além: falamos sempre em obsessão pelo cliente, o nosso maior norte.

Foi com alegria que pude ver meu colega Daniel Mazini, representando a Amazon Brasil, mostrar como, para nós, colocar o cliente no centro não é apenas um slogan corporativo, mas uma filosofia que deve permear todos os processos e decisões. Olhando para as tendências globais, vemos que os consumidores contemporâneos esperam experiências perfeitas e unificadas, com acesso a produtos e serviços em múltiplos pontos de contato – da loja física às plataformas digitais. As empresas que conseguem integrar dados, tecnologia e um genuíno foco no cliente são as que conquistam vantagem competitiva nesse cenário.

A cultura organizacional, tema abordado por Fernando Yunes, do Mercado Livre, emerge como o segundo pilar fundamental dessa transformação. Esse é outro fundamento no mundo Amazon. Como Peter Drucker sabiamente observou, "a cultura devora a estratégia no café da manhã". Não é possível implementar mudanças profundas ou adotar novas tecnologias sem uma cultura que suporte esses movimentos. O Mercado Livre, com seus princípios de "beta contínuo" e colaboração, exemplifica como a cultura pode ser o motor invisível que impulsiona o crescimento e a inovação.

No contexto atual, em que as cadeias de suprimentos enfrentam desafios contínuos decorrentes de tensões geopolíticas, escassez de mão de obra e expectativas crescentes dos consumidores, a capacidade de construir operações resilientes e orientadas por dados tornou-se um imperativo estratégico. É sobre isso que fala Belmiro Gomes, do Assaí, revelando como o modelo de negócios e a execução impecável são pilares do sucesso no varejo.

É impossível falar sobre varejo nos dias de hoje sem passar pela discussão sobre a transformação do papel da loja física, um dos fenômenos mais interessantes do varejo contemporâneo. Longe de se tornarem obsoletas, como muitos previram, as lojas físicas estão se reinventando como hubs multifuncionais – centros de experiência, pontos de distribuição, espaços de serviços e plataformas de relacionamento. Essa evolução reflete a necessidade de integrar o físico e o digital em uma experiência omnicanal sem atritos, para que o cliente possa transitar livremente entre canais. A experiência da RD Saúde é uma prova de o quanto a tecnologia tem de permear todas as conversas sobre o setor.

Alberto e Eduardo mergulham ainda em temas como o Novo marketing e como a personalização em escala e o relacionamento digital estão redefinindo as estratégias de comunicação, promoção e fidelização. Afinal, os consumidores de hoje são menos leais às marcas, gravitam em direção a ofertas premium ou descontos em detrimento de marcas, e estão mais preocupados com sustentabilidade e transparência.

Canais digitais e omnicanalidade são assuntos que vão muito além da diversificação de canais – trata-se de uma estratégia fundamental de construção de jornadas sem atrito para o cliente. O consumidor contemporâneo não pensa em canais: ele quer soluções para suas necessidades da maneira mais conveniente possível. Nesse contexto, a capacidade de coletar, analisar e utilizar dados para criar relacionamentos mais relevantes e personalizados torna-se uma competência essencial.

Ao longo dos capítulos, os autores nos trazem retratos fundamentais, nas vozes de líderes que são referência no setor, sobre como o negócio do varejo de hoje – e do futuro – passa pela tecnologia. Há muito tempo, o mundo de TI, da nuvem e dos dados deixou de ser apenas um suporte operacional para se tornar um elemento central e estratégico no varejo. Um estudo da McKinsey estima que a IA Generativa, sozinha, pode desbloquear entre US$ 240 bilhões e US$ 390 bilhões em valor econômico para os varejistas globalmente, por exemplo.

Este livro chega em um momento oportuno, quando o varejo brasileiro enfrenta o desafio de se reinventar em meio a transformações profundas. A pandemia acelerou tendências que já estavam em curso, forçando empresas a comprimirem anos de transformação digital em meses – e eu, no meu papel de líder da Amazon Web Services (AWS), pude participar ativamente de muitas dessas experiências. Algumas delas junto aos líderes que colaboraram com este livro.

Alberto Serrentino e Eduardo Terra, com sua vasta experiência e visão privilegiada do setor, reuniram nesta obra um panorama abrangente e inspirador do varejo contemporâneo. Mais do que análises teóricas, o livro apresenta casos reais, experiências concretas e reflexões práticas de líderes que estão efetivamente construindo o futuro do varejo brasileiro.

Como leitores, somos convidados a uma jornada de conhecimento e inspiração que combina o rigor analítico com a riqueza das experiências vividas. Cada capítulo nos oferece não apenas um diagnóstico do presente, mas também um vislumbre do futuro e um conjunto de ferramentas para navegar com mais confiança nesse ambiente complexo e desafiador.

O varejo brasileiro tem demonstrado uma notável capacidade de adaptação e reinvenção ao longo das décadas. Com as lições e insights contidos neste livro, tenho certeza de que o setor encontrará caminhos para continuar crescendo, inovando e gerando valor para consumidores, colaboradores e a sociedade como um todo.

À medida que navegamos pelas complexidades do futuro do varejo, lembre-se: as empresas que melhor compreenderem e atenderem às necessidades em evolução de seus clientes, que construírem culturas organizacionais fortes e adaptáveis, e que abraçarem a tecnologia como aliada estratégica serão as que prosperarão nesta nova era. Este livro é um convite para fazer parte dessa jornada transformadora.

Boa leitura!

PREFÁCIO

Um convite à transformação

Marcos Loução,

CEO do Porto Bank

Quando Alberto Serrentino e Eduardo Terra me apresentaram a ideia de reunir grandes CEOs do varejo brasileiro para discutir os temas que moldam o presente e o futuro do setor, ficou claro que este projeto ia além de uma série de entrevistas. Era uma síntese rara de visão estratégica, experiência prática e generosidade intelectual.

Apoiar esta iniciativa com o Porto Bank foi, para mim, uma forma de reconhecer o impacto que Alberto e Eduardo exercem há mais de uma década no varejo nacional – e de ajudar a levar esse conteúdo a quem está à frente de negócios ou iniciando sua jornada.

Este livro celebra os 10 anos da btr varese com mais do que história: traz provocações e reflexões de quem vive o varejo na prática. Como disse Daniel Mazini no capítulo sobre Centralidade no cliente: "você tem que estar sempre insatisfeito com o que está colocando para o cliente, porque quer ser cada vez melhor". Um lembrete de que excelência exige inquietação contínua e foco obsessivo nas necessidades do consumidor.

Já no capítulo sobre Responsabilidade social corporativa, Fernando Modé nos lembra que "o varejo tem o poder – e a responsabilidade – de construir uma sociedade mais justa e diversa". Ele destaca que não basta entregar valor comercial, é preciso assumir um papel transformador na sociedade.

Cada capítulo deste livro é um convite à transformação. Esta obra é leitura indispensável para quem quer entender, liderar e reinventar o varejo brasileiro.

PREFÁCIO

Um retrato vivo do varejo

Rafaela Rezende,

Presidente da VTEX Brasil

É difícil começar este texto sem antes expressar o quanto é especial fazer parte do *10+10*. Ser convidada por dois grandes especialistas e também amigos – Alberto e Edu – para contribuir com esse projeto, que é tão valioso para o varejo e para o ecossistema, é uma verdadeira honra.

Quando me apresentaram o projeto e, principalmente, a lista de participantes, ficou claro que esse era um daqueles convites que simplesmente não se pode recusar. Eu estava diante de uma curadoria rara: nomes que não apenas lideram grandes operações do varejo brasileiro, mas que também pensam, criam e exportam o que temos de mais sofisticado em termos de gestão, cultura e inovação.

O Brasil é reconhecido mundialmente como o país do agro, que exporta carne, frango e soja. Mas o que começou de modo silencioso vem ganhando notoriedade e começamos a nos destacar também em outro tipo de exportação: **a engenharia criativa**. Os CEOs e os executivos entrevistados aqui são parte importante dessa transformação. Eles estão não só construindo empresas excepcionais, mas também formando os talentos que vão colocar o Brasil no mapa como um dos maiores exportadores de recursos, conhecimento e líderes do comércio digital do mundo.

Foram 15 anos trabalhando no varejo antes de me juntar à VTEX. Ver esses líderes, muitos dos quais são também clientes e parceiros, refletindo com tanta profundidade sobre os desafios e avanços do setor me enche de entusiasmo. O que antes era só um “sonho ousado” hoje é realidade em escala. Estamos, de fato, andando para a frente.

Este livro é mais do que uma coletânea de entrevistas. É um retrato vivo do presente e do futuro do varejo. A partir de agora, você conhecerá os desafios de diferentes modelos de operação, visões ousadas e estratégicas, e formas de moldar o futuro que servem de referência para qualquer varejista, do pequeno empreendedor ao executivo de uma gigante global.

Te convido a mergulhar nessas páginas e a ouvir cada entrevista na íntegra. Essas conversas definitivamente merecem ser lidas, ouvidas e, principalmente, vividas.

AGRADECIMENTOS

Alberto Serrentino e Eduardo Terra

A realização desta iniciativa 10+10 btr varese foi uma jornada de aprendizado e trabalho coletivo, que incluiu a realização, publicação e divulgação de 11 podcasts, a criação de canais para compartilhamento de conteúdo e a consolidação de visões e insights neste livro.

Agradecemos aos 10 CEOs coautores deste livro – Daniel Mazini, Fernando Yunes, Belmiro Gomes, Marcilio Pousada, Sergio Zimerman, Fred Trajano, Paulo Correa, Marcelo Pimentel, Alê Costa e Fernando Modé – pela confiança e generosidade com que dividiram suas visões e experiências.

Agradecemos também a nossos patrocinadores, parceiros que têm apoiado e participado de diversas iniciativas da btr varese e que acreditaram no 10+10 desde sua concepção: Cléber Morais, Enio Garbin, Eric Secco e Raphael Lima da AWS; Marcos Loução, Luiz Arruda e Paulo Kakinoff da Porto; e Rafaela Rezende, Isabella Barreto e Mariano Gomide de Faria da VTEX.

Igor Pires e Rebeca Pimentel, que nos apoiam na criação e sistematização de conteúdo e na análise dos dados. À equipe – Robson, Fabio, Matheus, Patricia e Michele e os muitos parceiros da btr varese – que nos permite realizar essa riquíssima jornada de imersão, aprendizado e relacionamento de nossas muitas imersões em eventos e ecossistemas de inovação pelo mundo.

Renato Müller, que nos ajudou a transportar os insights dos podcasts para este livro e que nos apoia em todas as iniciativas de conteúdo e publicações. Gabriel Rasga e Luara Oliveira do Bespoke Studios, que nos ajudaram a realizar os podcasts que deram origem a este livro. João Mosterio, que ajudou a dar forma ao 10+10 e conseguiu traduzir na criação da marca, design e no projeto gráfico o que tínhamos concebido.

À nossa editora Literare, especialmente a Mauricio Sita e Anselmo Teixeira, agradecemos pelo apoio na realização deste livro. À AD Turismo, nossa parceira em todas as missões internacionais, Arnaldo, Gustavo, Charles e toda a equipe.

Aos nossos sócios da HiPartners: Junior, Quiroga, Flavia, Ilmo, Zé, todo o time e nossos investidores. João Galassi, que nos ajudou a construir uma jornada de diferenciação na NRF Big Show e Helio Biagi, nosso sócio e parceiro em todas as iniciativas da btr varese.

Alberto Serrentino

Quero agradecer à minha família, meu pilar de equilíbrio e sustentação: Patricia, meu grande amor e minha metade; Carolina (*il mio "piccolo grande amore"*), Gui, Thi, Vani, Joana (Cúcu), Cri e Luca. Minha mãe e toda a família que vive distante na Itália, mas que sinto tão próxima sempre. Meu pai (*in memoriam*), por me aproximar aos 15 anos de idade do varejo, do qual nunca mais me afastei. Meus filhos de quatro patas, que não podem ler este livro, mas trazem alegria permanente. Myriam, por todas as luzes. Igor Pires, pelo apoio na jornada da Varese Retail. Meus queridos amigos que tornam a vida mais leve. À música, minha companheira e contraponto desde sempre e aos músicos que me desafiam constantemente.

Aos clientes, aos colegas de conselhos e comitês e aos muitos profissionais talentosos com os quais aprendo todos os dias.

Ao meu sócio e amigo, Eduardo Terra, por essa incrível jornada de aprendizado e crescimento que temos vivenciado juntos desde a criação da btr varese e do ecossistema que criamos em torno do varejo.

Eduardo Terra

Começo agradecendo à minha família, base de tudo para mim: Luciana, meu amor, minha parceira de vida, de todos os momentos; Juliana e Gabriel, meus filhos amados. Meu pai, minha mãe, meus irmãos, cunhados e sobrinhos queridos, além de toda a família que sempre está comigo. Obrigado a todos os meus amigos queridos que me acompanham nos melhores momentos. Um agradecimento especial a todos que tornam minha vida possível e trabalham comigo em momentos diferentes da minha semana (Larissa, Zan, Michele, Rebeca, Mauro, Igor, Gabi, Luara, Belline, Fernanda e My).

Aos meus colegas de conselhos, comitês, clientes, alunos, seguidores das redes sociais, um muito obrigado!

E um agradecimento mais do que especial ao meu sócio e amigo querido, Alberto Serrentino, parceiro neste livro e em grande parte das coisas incríveis que tenho feito nos últimos 10 anos da minha vida.

SUMÁRIO

Alberto Serrentino
Cofundador da btr varese

Eduardo Terra
Cofundador da btr varese

INTRODUÇÃO

Seja bem-vindo! Este livro é parte de uma iniciativa desenvolvida com muito cuidado e dedicação para marcar os primeiros 10 anos da Varese Retail, da BTR Retail e da btr varese. Nossa parceria partiu de ampla experiência acumulada como executivos, consultores, conselheiros, acadêmicos e, acima de tudo, estudiosos e apaixonados por varejo.

Em 10 anos de btr varese, desenvolvemos e realizamos 24 programas internacionais de imersão em varejo e ecossistemas de inovação, levando CEOs e líderes de empresas de varejo, consumo e serviços para EUA, China, Israel, Índia e Europa. Também realizamos curadoria de conteúdo para diversos eventos de varejo de grande porte. Nosso foco sempre foi ajudar a identificar, antecipar e decodificar tendências, adaptá-las à realidade brasileira e ajudar empresas e líderes de varejo em sua arquitetura estratégica, evolução em modelos de negócio e definição de prioridades.

Para comemorarmos uma década de vida, nasceu a iniciativa 10+10, que partiu da construção de uma lista autoral dos 10 temas estratégicos mais relevantes para o futuro do varejo em nossa visão. A partir dela, convidamos 10 CEOs de grandes empresas para discutirmos e aprofundarmos cada um desses temas. Essas conversas estão disponíveis no YouTube (cortes e na íntegra) e no Spotify.

YouTube íntegra

YouTube cortes

Spotify

Acompanhar as entrevistas em vídeo ou em podcast convida a uma experiência diferente da leitura deste livro. Fique à vontade para ler no seu ritmo e na ordem em que desejar. Cada entrevista traz como foco um tema, além de um mergulho nas estratégias de negócio de 10 das empresas mais relevantes e inovadoras do mercado brasileiro.

Nesta introdução, vamos apresentar e contextualizar cada um dos 10 temas que listamos como os mais relevantes.

Os temas fundamentais do varejo

Qual é a agenda estratégica que um CEO de varejo precisa dominar e endereçar em seus negócios? Dessa pergunta nasceu o projeto 10+10: dez temas estratégicos, com 10 CEOs abordando cada um desses assuntos, para celebrar os 10 anos da btr varese.

Chegar a essa lista de 10 temas foi um exercício de muitas horas de conversa, mas também o fruto de anos de imersão no mundo do varejo. O resultado é a reunião de um time de CEOs de grande relevância no mercado brasileiro que, a partir do próximo capítulo, nos ajudará a enriquecer nossa visão com a experiência deles e exemplos das empresas que lideram.

Os 10 temas deste livro são os seguintes:

1 – Centralidade no cliente

Colocar o cliente no centro é a base de tudo que move o varejo. Por isso, nada mais natural do que começar essa jornada pelo consumidor. Neste capítulo, aprofundamos o tema da centralidade no cliente com Daniel Mazini, CEO da Amazon Brasil – uma empresa que define obsessão por clientes como seu primeiro e mais importante princípio.

Confira nestes QR Codes o episódio sobre Centralidade no cliente, com Daniel Mazini, no YouTube (cortes e íntegra) e no Spotify.

YouTube íntegra | YouTube cortes | Spotify

Este é um tema essencial para o varejo, um ponto de partida em todo o processo de relacionamento e geração de receitas. Falar de centralidade no cliente em uma agenda de transformação e digitalização do varejo implica desenvolver novas competências e superar novos desafios.

Obviamente, nenhuma empresa de varejo de sucesso cresce com qualidade se não tiver uma legítima preocupação e um olhar privilegiado sobre o cliente. Sem entregar valor para o consumidor, ninguém se torna uma referência no mercado. A diferença é que hoje as jornadas dos clientes estão muito mais complexas e o comportamento do cliente é muito mais difícil de ser visualizado, porque ele é naturalmente infiel, e a diversificação de canais muda muito a maneira como as pessoas compram, transitando entre canais em uma mesma jornada.

Então, de fato, ser uma empresa centrada no cliente implica repensar modelo organizacional, indicadores e fontes de dados para que o cliente seja entendido em ampla escala. E implica em como fazer tudo isso contaminar processos, sistemas, organização e, de fato, um negócio que se comporta e se orienta pelos clientes.

Sobre esse tema, vale fazer uma referência a um livro. Trata-se de *Customer centricity*, do professor Peter Fade (2020). Esse livro foi a base do Google, da Apple, da Amazon e de muitas outras empresas. Infelizmente, ele não foi traduzido para o português, mas é um livro fundamental.

A centralidade no cliente, nestes tempos em que a complexidade da jornada aumentou e a digitalização se acelerou, pressupõe que as organizações também sejam orientadas por dados (*data-driven*). Somente com dados uma empresa consegue monitorar o comportamento de clientes em escala, com múltiplos canais e pontos de contato.

A Amazon é, hoje, uma das grandes referências globais quando se fala de "cliente no centro". O primeiro princípio de liderança, o primeiro pilar da Amazon, é a "obsessão por clientes" – a maneira como a empresa traduz o conceito de centralidade. E, de fato, a Amazon cresceu e se tornou um gigante global sem perder a capacidade de entender dores e jornadas, adaptando processos e tecnologia para que o consumidor tenha uma experiência incrível.

O grande desafio estratégico é sair do conceito e daquilo que é óbvio (se você não estiver focado no cliente, não irá prosperar) e avançar para a execução. A grande dificuldade, particularmente em empresas de varejo tradicionais, que têm um legado de história, processos, sistemas, complexidade, lojas e pessoas, é sair da visão de jornada (o que o cliente faz) para uma visão de experiência (o que o cliente sente). Executar isso em escala é muito complexo – e muitas empresas têm dificuldade para avançar nessa agenda.

Como preparar processos, canais e interações para que toda e qualquer experiência do cliente, conduzida como ele quiser, funcione com fluidez? Esse é o ponto central.

2 – Cultura e organização

Não é possível olhar para a centralidade no cliente sem que isso esteja enraizado na cultura organizacional. Uma das coisas que transparece na Amazon é que a centralidade no cliente não é feita somente de dados, mas de símbolos. Ícones simples e poderosos para lembrar a todos de que o mais importante é como o cliente irá receber e utilizar aquele novo produto ou solução.

Para falar sobre cultura organizacional, buscamos outro caso de sucesso do mundo on-line, uma empresa com uma cultura única: o Mercado Livre, maior marketplace da América Latina. Como convidado, Fernando Yunes, CEO da empresa no Brasil.

Confira nestes QR Codes o episódio sobre Cultura organizacional, com Fernando Yunes, no YouTube (cortes e íntegra) e no Spotify.

YouTube íntegra | YouTube cortes | Spotify

Não é por acaso que os temas foram elencados nessa ordem. Eles estão em uma sequência lógica que parte dos fundamentos dos negócios e deságua em competências específicas. A centralidade no cliente é um elemento de partida, mas a cultura molda o processo de transformação dos negócios e o êxito das iniciativas. A transformação digital do varejo não se dá pela tecnologia, e sim pela cultura e pela reorganização das empresas.

Se a cultura não for muito bem entendida, alinhada e compartilhada nas esferas mais altas de governança e de liderança estratégica, descendo até os níveis operacionais e de quem está mais em contato com o cliente, dificilmente se tornará sistêmica. O passo seguinte é embarcar a cultura em novos desenhos organizacionais, envolvendo processos, símbolos e mecanismos que disseminem a cultura e a reforcem.

Esses são os pontos essenciais da conversa com Fernando Yunes no Capítulo 2. Nos marketplaces, existe um enorme desafio de crescer exponencialmente, entregando valor para o cliente, mas mantendo uma consistência muito grande, sem perder a mão da operação nem distanciando daquilo que está nos pilares da cultura. Da mesma forma como os princípios da Amazon foram atualizados poucas vezes, o Mercado Livre tem seus seis princípios de liderança que regem a empresa desde sua fundação.

No Mercado Livre, a cultura e sua forma de trabalhar são motores invisíveis que impulsionam o crescimento. Um bom exemplo é o princípio de "beta contínuo": estar sempre em experimentação. Isso é muito fácil de declarar e escrever, mas difícil de executar na escala de um negócio como o Meli.

No livro *Varejo, transformação digital e pandemia* (Terra, 2022), um terço do conteúdo foi dedicado às questões de cultura, justamente porque ela é o grande motor, a alavanca da transformação e da evolução digital. Transformação digital não é tecnologia ou adoção de canais digitais: é uma questão de mudança cultural.

Dando crédito a outro autor, que sempre fazemos questão de mencionar: Peter Drucker dizia que a cultura devora a estratégia no café da manhã. Especialmente em empresas tradicionais, que têm um legado e precisam se transformar, se não houver um trabalho de revisitar a cultura e adotar uma série de comportamentos digitais, a reinvenção se torna impossível.

3 – Modelo operacional

Na sequência, temos um tema chave para o desenvolvimento do varejo. Apesar de não ser um assunto novo, ele continua sendo estratégico e desafiador. Trata-se do modelo operacional. Uma das grandes referências no tema no mercado brasileiro é a rede de atacarejo Assaí, cujo CEO, Belmiro Gomes, é o convidado deste capítulo.

Confira nestes QR Codes o episódio sobre Modelo operacional, com Belmiro Gomes, no YouTube (cortes e íntegra) e no Spotify.

YouTube íntegra | YouTube cortes | Spotify

Eficiência operacional surge como parte do terceiro capítulo deste livro porque é aqui que as transformações culturais baseadas em centralidade no cliente aparecem de forma efetiva. E esse é um tema fundamental para o desenvolvimento do varejo, pois a maneira como as empresas funcionam precisa ser modificada para lidar com a transformação digital – e, com isso, o desenho organizacional e os processos das empresas também precisam ser repensados.

Não existe transformação sem reorganização de processos e pessoas e sem a evolução daquilo que fez o sucesso das empresas de varejo na sua história: organizar as empresas em funções de execução.

O varejo sempre foi estruturado de maneira funcional, a partir de compras, operações, logística e distribuição, apoio para tecnologia e pessoas. Entretanto, quando se coloca a centralidade no cliente, a digitalização e as mudanças de jornadas, é preciso repensar os desenhos organizacionais.

Como fazer a evolução cultural sem comprometer o modelo operacional é o foco deste capítulo. O exemplo do Assaí mostra que é necessário revisitar a maneira de operar o negócio em todos os seus pontos de relacionamento com os clientes. Nessa lógica, a capacidade de execução e a disciplina operacional assumem papéis fundamentais.

O exercício de revisão do modelo operacional, em uma agenda estratégica, decorre do fato de que os resultados vêm da execução e não da estratégia em si. Não adianta desenvolver uma estratégia diferenciada, se ela não for bem executada. Execução é uma agenda-chave para negócios de varejo, que dependem de eficiência em muitos detalhes que precisam funcionar de maneira orquestrada.

O livro *Varejo e Brasil: reflexões estratégicas* (Serrentino, 2016) tratou do desafio de pensar simples em ambiente complexo. A complexidade do varejo vem do fato de haver muitos pontos de contato com os clientes e muitos colaboradores interagindo com os consumidores. Inevitavelmente, escalar qualquer atividade, solução ou estratégia no varejo torna-se incrivelmente complexo.

O grande desafio é manter disciplina e consistência. Em um negócio de varejo, é muito mais fácil inovar do que multiplicar, porque há uma descentralização muito grande na execução. E aí entram elementos que, quando falamos de modelo operacional no contexto de uma agenda de transformação, podem facilmente levar a empresa à dispersão e à perda de foco. É preciso priorizar, porque facilmente tudo pode se tornar importante, urgente e relevante, consumindo recursos e esforços e minando a capacidade de execução.

Para crescer de forma sustentável, os negócios precisam equilibrar disciplina e foco na execução do dia a dia. A rotina de um negócio de varejo é muito intensa, mas ao mesmo tempo é necessário desafiar processos para obter saltos de qualidade e fazer mudanças na incorporação de tecnologia, para que a evolução aconteça mais rapidamente e a empresa se mantenha competitiva.

Por isso, não existe agenda de transformação dos negócios sem mudar a execução daquilo que é feito no dia a dia – e esse talvez seja um dos maiores desafios de um CEO de varejo. Toda empresa do setor vive essa dor e essa angústia todos os dias. Como calibrar a energia, o foco e os recursos para conseguir fazer as coisas novas para o futuro, mas sem perder a mão na execução do presente?

Aqui vale o destaque para dois pontos da agenda desse item, que temos chamado mais recentemente de "ambidestria" – equilibrar a corrida de 100 metros com a maratona, o curto prazo com o longo prazo. Para que esse equilíbrio aconteça, é necessário revisar os indicadores-chave do negócio. Hoje, as maiores performances de venda no varejo americano remuneram e medem seus colaboradores de loja pelo *Net Promoter Score* (NPS)*. Apple Store, Lululemon e Uniqlo são exemplos de marcas que revisitaram a maneira de medir e, principalmente, premiar os times de loja.

Quando conectamos esse tema ao primeiro tema deste livro (Centralidade no Cliente), fica claro que não existe centralidade se os indicadores não refletirem esse posicionamento e estiverem no foco do negócio. As empresas não podem analisar apenas o resultado operacional de produtos, lojas ou canais, sem analisar aspectos ligados aos resultados de clientes, como engajamento, satisfação, retenção, frequência e gasto médio, que levam ao aumento do valor do cliente no tempo (*Customer Lifetime Value*, ou simplesmente LTV).** Se as pessoas não perseguirem esses indicadores e seus desdobramentos em todo o modelo operacional, o varejo ficará preso a um modelo obcecado por produtos e operações, e não por clientes.

4 – Loja *hub*

O tema seguinte em nossa jornada é repensar a loja física, reelaborando-a como uma Loja *Hub* que tem múltiplas funções em um varejo orientado a clientes e transformado digitalmente. Para falar sobre o assunto, o convidado deste capítulo é Marcilio Pousada, Chairman e ex-CEO RD Saúde, líder no segmento e um case de reinvenção das lojas físicas.

---

* O *Net Promoter Score* (NPS) surgiu em 2003, quando o autor e pesquisador de negócios Fred Reichheld publicou o artigo "*The One Number You Need to Grow*" na revista *Harvard Business Review*. Após esse artigo e depois de vários estudos, Fred Heichheld e a consultoria Bain & Company lançaram o livro *The ultimate question* aprofundando o conceito de NPS.
O *Net Promoter Score* é calculado com base nas respostas a uma pergunta: "Qual é a probabilidade de que você recomende a nossa empresa / produto / serviço a um amigo ou colega?" A pontuação para a resposta costuma ser apresentada com base em uma escala de 0 a 10. Aqueles que respondem com uma pontuação de 9 ou 10 são chamados de **Promotores**, considerados propensos a apresentar comportamentos de criação de valor. Os que respondem com uma pontuação de 0 a 6 são rotulados **Detratores**, e acredita-se serem menos propensos a apresentar comportamentos de criação de valor. Respostas de 7 ou 8 são consideradas **Neutras**. O NPS é calculado subtraindo a porcentagem de clientes Detratores da porcentagem de clientes Promotores. Clientes Neutros contam para o número total de entrevistados, mas não afetam diretamente o resultado líquido.
Após a pergunta principal, as empresas geralmente fazem uma segunda pergunta aberta, solicitando as razões para a classificação dada pelo cliente. Essas razões podem, então, ser fornecidas aos funcionários da linha de frente e equipes de gestão para ações de melhoria.

** O *Customer Lifetime Value* (LTV) calcula o faturamento total gerado por um cliente enquanto ele continua comprando seus produtos e serviços. Ele é calculado multiplicando o tíquete médio das compras do cliente pelo número de transações por ano e pela média do tempo de retenção.

Confira nestes QR Codes o episódio sobre Loja* hub*, com Marcilio Pousada, no YouTube (cortes e íntegra) e no Spotify.

YouTube íntegra | YouTube cortes | Spotify

A Loja *hub* é um tema que responde a uma questão frequente: qual será o futuro da loja física? Essa é uma das perguntas a que respondemos nos últimos 10 anos. Nesse período, fomos à China sete vezes, antes e depois da pandemia. É muito interessante observar que, mesmo em um país no qual o digital representa mais de um terço das vendas totais do varejo, as reflexões trazidas daquele mercado refletem a relevância da loja física. Mas com um detalhe muito importante: não é aquela mesma loja de 20 anos atrás.

A Loja *hub* não é a loja passiva, analógica, independente de outros canais, que existia no passado – e que ainda é o presente de boa parte do varejo brasileiro e mundial. Hoje a loja precisa ter outro papel: integrada com os outros canais e muito mais ativa no sentido de ir até o consumidor.

Frequentemente, os executivos do varejo, os analistas e os consumidores mostram a expectativa de que a evolução da loja física passa por algo visível ao cliente. Em outras palavras: o que vai ter que mudar nos aspectos físicos da loja para que ela se conecte com esse cliente mais digital e transformado pela digitalização? Mas a maior transformação da loja não está aí.

A verdadeira transformação tem seu papel nos indicadores e nas funções de um negócio de varejo que quer se conectar com clientes. O primeiro aspecto importante, nesse sentido, é que a loja tem um papel fundamental, normalmente desprezado ou não quantificado: ela é o instrumento mais eficaz de conquista, ativação e engajamento de clientes. Isso, porém, não está nos indicadores da maioria das empresas; como não é medido, não é percebido. Nos modelos de análise de resultados de lojas, não entra a contribuição delas para conquistar e manter clientes.

Outro aspecto fundamental nessa transformação da loja física foi impulsionado pela aceleração digital na pandemia. Naquela época, vimos as lojas se tornando, muito rapidamente, *hubs* logísticos. Muitas empresas fizeram mudanças importantes ao equilibrar a maneira de entregar produtos distribuídos em canais digitais, usando as lojas como um posto avançado ou um *micro fulfillment center*, dando ao cliente também a possibilidade de buscar produtos nas lojas.

No caso das farmácias, desde a pandemia tem havido uma transformação intensa do setor. A RD Saúde simboliza esse novo estágio, a partir da percepção de que a loja pode ser muito mais do que um ponto de venda de medicamentos. Nessa visão, a loja se torna um centro de imunização, um centro de serviços, de beleza, de cuidados pessoais e de informação, em uma jornada que certamente trará novos desdobramentos.

Além da discussão sobre como será a loja do futuro, a pergunta que muitas vezes surge é: existe um futuro para a loja física ou ela tende à decadência? A conclusão é que sim, existe futuro – e os dados comprovam que as lojas não perderam vigor nos últimos anos. Em nosso trabalho de 10 anos na Sociedade Brasileira de Varejo e Consumo (SBVC), com inúmeros estudos e trabalhos sobre o setor, passamos por anos de crise, pandemia, pós-pandemia, anos muito ruins e anos bons – o varejo sempre cresceu em número de lojas ativas.

Nos últimos 10 anos, de 2015 a 2024, enfrentando o pior biênio da economia brasileira (2015/2016), uma pandemia com lojas fechadas e um pós-pandemia com empresas machucadas e juros altos, em nenhum ano o saldo de lojas abertas a cada ano foi negativo para o conjunto das 300 maiores empresas do varejo brasileiro, que representam aproximadamente 50% do mercado. O varejo sempre abriu mais lojas do que fechou. Mas a loja física que existia em 2019 não existe mais hoje, porque o cliente de 2019 não existe mais e vem sendo transformado pela digitalização, que gera mudanças em suas jornadas. O varejo hoje enfrenta novos desafios.

5 – Novo marketing

Outro aspecto do varejo que se transformou completamente ao longo da última década foi o marketing. A digitalização e a evolução de um consumidor que tem hábitos diferentes e traz a tecnologia na palma da mão criam outras maneiras de dialogar com o cliente, apresentar produtos e demonstrar a proposta de valor das marcas. Nosso convidado neste capítulo é Sergio Zimerman, CEO e fundador da Petz.

Confira nestes QR Codes o episódio sobre Novo Marketing, com Sergio Zimerman, no YouTube (cortes e íntegra) e no Spotify.

YouTube íntegra | YouTube cortes | Spotify

Quando falamos sobre marketing, precisamos ter em mente que todo o processo de comunicação, precificação e oferta ao consumidor mudou, pois passa por canais, ferramentas e toda uma jornada completa que não é mais a mesma de uma década atrás.

Estamos vivendo uma mudança estrutural importante na hierarquia e no status do marketing nos negócios de varejo. Historicamente, o marketing não teve peso estratégico muito relevante no varejo, atuando sobretudo em aspectos táticos, focados em comunicação e promoção. Nos últimos anos, temos visto um significativo aumento de sua importância, em um processo que nasce na centralidade no cliente.

É a partir da centralidade, que traz dados para o centro do negócio, que se avança para personalização em escala e o relacionamento com o cliente em uma agenda de omnicanalidade – tudo isso passa pelo marketing.

Assim, o marketing não apenas se transforma, mas também ganha novo status e relevância na hierarquia daquilo que é fundamental para negócios de varejo.

O Novo marketing envolve toda a agenda dos programas de fidelidade, que têm avançado para programas de fidelidade e benefícios por assinatura (*paid loyalty*) desde que a Amazon desenvolveu o Prime. Empresas ouvidas neste livro, como Amazon, Petz, Mercado Livre e RD Saúde, têm dedicado esforços e investimentos a programas de fidelidade pagos, que geram resultados superiores – em satisfação, fidelização, tíquete médio, frequência e valor do cliente no tempo (LTV).

Esse é um tema que transforma a estratégia de CRM (Gestão de Relacionamento com o Cliente), pois reinventa a maneira como as empresas se conectam aos consumidores. Se no passado o CRM tinha uma conotação muito associada à tecnologia e à implementação de uma ferramenta de relacionamento com os clientes, hoje está muito claro que a gestão do relacionamento com o consumidor é profundamente estratégica. Essa é uma questão que passa pelo entendimento das jornadas, pela captura e análise dos dados, pelo tratamento das informações e pela sistematização de tudo isso para "contaminar" os processos da empresa.

Em negócios de varejo mais tradicionais, especialmente no varejo massificado, o marketing vinha a reboque da estratégia comercial. A empresa definia um calendário, com ciclos e apostas, em uma estratégia pilotada por quem define produto e compra – e o marketing tentava fazer aquilo acontecer em um apoio muito tático.

Hoje, esse processo foi invertido: a estratégia comercial passa a ser derivada daquilo que as empresas aprendem com os clientes. Nessa agenda do Novo Marketing, um aspecto essencial é o monitoramento de dois indicadores fundamentais. Quem não acompanha o Custo de Aquisição de Clientes (CAC) e o Valor do Cliente no Tempo (LTV) está ignorando questões essenciais. CAC e LTV não são mais exclusivos de canais digitais, pois se relacionam aos clientes e ao seu relacionamento com a empresa. Quem analisa os resultados e o balanço de uma empresa vê a saúde dela no passado, mas quem avalia CAC e LTV enxerga a probabilidade de saúde do negócio no futuro.

6 – Varejo tech

O próximo tema nessa jornada é o papel da tecnologia para o desenvolvimento dos negócios do varejo em um mundo cada vez mais digitalizado. O convidado especial no capítulo sobre Varejo tech é Fred Trajano, CEO do Magazine Luiza.

Confira nestes QR Codes o episódio sobre Varejo tech, com Fred Trajano, no YouTube (cortes e íntegra) e no Spotify.

YouTube íntegra | YouTube cortes | Spotify

A tecnologia se tornou um tema essencial para o varejo, e precisa estar integrada à estratégia do negócio, à estrutura organizacional e à gestão. Embora a tecnologia não seja um fim em si mesmo, nem seja o principal instrumento de transformação do varejo, existe hoje uma mudança clara em seu papel para os negócios do setor. Historicamente, tecnologia no varejo era um apoio funcional, operacional, com pouco envolvimento estratégico de CEOs ou de Conselhos de Administração.

Isso está mudando radicalmente, porque as decisões de alocação de recursos, sejam despesas ou investimentos em tecnologia, serão determinantes para a competitividade futura do negócio – e esse é um tema que precisa ter envolvimento dos mais altos níveis estratégicos e de lideranças das empresas. Não existe mais uma tecnologia que funcione isoladamente e a serviço das áreas de negócio: tech está inserido em tudo. Por isso, o Varejo tech tem a tecnologia como parte do *core* do negócio, não como acessório.

Não acreditamos que seja possível ter negócios de varejo prósperos no longo prazo sem dominar tecnologias nem fazer escolhas corretas nessa área. Mesmo entendendo que não é isso que muda as organizações, o tema é fundamental para a competitividade dos negócios.

Decisões estratégicas relacionadas à tecnologia passam por arquitetura, grau de internalização, alocação de recursos, priorização, incorporação de novas tecnologias, indicadores, experimentação e integração aos processos de negócio.

Nessa discussão sobre o uso de tecnologia, um aspecto essencial é discutir o que desenvolver de forma proprietária e o que terceirizar. Hoje, buscar soluções e respostas externamente, criar uma rede de parceiros, fornecedores e eventualmente investimentos estratégicos, e saber integrar e orquestrar em uma arquitetura leve e modular são fatores determinantes para construir a jornada de evolução tecnológica do varejo.

Fred Trajano, nosso convidado deste capítulo, tem uma visão privilegiada sobre tecnologia no varejo, porque o grande desafio das empresas tradicionais de varejo é que elas partem de sistemas legados. Uma coisa é construir uma empresa do zero, nativa digital, com uma arquitetura 100% desenhada para escalar com velocidade e qualidade, "componentizada", desenvolvida em microsserviços em nuvem, amparada em uma cultura que, desde a origem, em todos os processos, é digital. Outra coisa, bem mais complexa, é ter que fazer todas essas mudanças a partir de uma arquitetura com sistemas legados e complexos, bases de dados fragmentadas e diversas camadas de integração. E tudo isso sem abrir mão da competitividade e qualidade de execução no curto prazo.

Esse desafio se conecta ao tema do Capítulo 3 deste livro (Modelo Operacional). Em uma empresa que nasceu analógica e se digitaliza, a transformação precisa preservar o modelo operacional que suporta o negócio e gera resultados. Como fazer a virada, mudando processos, arquitetura e tecnologia, sem desconfigurar a capacidade de execução da empresa?

A resposta é muito difícil e complexa, pois depende de decidir o que será internalizado e o que será trazido de fora. Tecnologia torna-se elemento central no varejo, é *core*, mas isso não significa que as empresas de varejo tenham que se tornar especialistas em tecnologia. O Magalu desenvolveu essa capacidade, mas ela é uma exceção: pouquíssimas terão escala e modelos de negócio compatíveis com desenvolvimento de tecnologias proprietárias.

Acrescente a essa equação a agenda de Inteligência Artificial (IA), que precisa estar no radar estratégico e é um tema transversal. Quando falamos em Varejo Tech, embarcar IA em todos os processos significa automatizar para dar saltos de escala, produtividade e eficiência ao negócio de varejo, além de viabilizar a personalização em escala. Esse é um capítulo muito denso, complexo, rico e, certamente, fundamental para uma agenda estratégica de varejo.

7 – Canais digitais e omnicanalidade

Ainda navegando por questões ligadas à tecnologia, é importante abordarmos a relevância dos canais digitais e da omnicanalidade no varejo. Aqui, claramente, existe um marco na história do varejo: a pandemia, que mudou a perspectiva dessa agenda.

O varejo já vinha avançando na digitalização e na omnicanalidade antes de 2020. Essa é uma agenda que desafia o setor desde que a Amazon começou a sua escalada, nos anos 1990. A empresa foi o grande elemento de ruptura, fazendo algo completamente diferente de tudo o que o varejo fazia. Com o tempo, mais e mais empresas perceberam que precisavam desenvolver competências digitais, ampliar suas operações online e depois diversificar sua presença em múltiplos canais de venda.

Mas, nessa trajetória, antes da pandemia ainda estávamos em um paradigma de multicanalidade, focado em apresentar mais opções de canais para o cliente comprar. Quando entramos em uma agenda de aceleração digital, provocada pela pandemia e pelo desafio de levar a loja até o cliente (já que o cliente não podia ou não queria ir à loja), a velocidade desse processo mudou.

No início, muito foi feito com a urgência que o momento impunha, mas a verdade é que hoje a arquitetura de canais e de modalidades de venda, relacionamento e atendimento ao cliente se tornou incrivelmente complexa. Conseguir orquestrar essa arquitetura com qualidade para crescer de maneira sustentável e lucrativa não é algo trivial.

Para discutir como essa trajetória aconteceu na prática e como é possível organizar essa arquitetura, nosso convidado é Paulo Correa, CEO da C&A. A empresa tem se destacado em várias frentes, incluindo as vendas via WhatsApp, uma modalidade que vem evoluindo para o que se chama comércio conversacional, ou *conversational commerce*: a capacidade de utilizar ferramentas de mensagem como parte da jornada do cliente – seja para esclarecer dúvidas, como *help desk* ou, especialmente, para vender.

Confira nestes QR Codes o episódio sobre Canais digitais e omnicanalidade, com Paulo Correa, no YouTube (cortes e íntegra) e no Spotify.

YouTube íntegra | YouTube cortes | Spotify

O *conversational commerce* é um exemplo claro de como o varejo digital se expandiu para diversas frentes. Mas existe muito mais em uma agenda de omnicanalidade, como os marketplaces em todas as formas e tipos, o próprio comércio eletrônico, o *social commerce* e o *live commerce* (vendas realizadas a partir de eventos digitais em vídeo com conteúdo). Este capítulo mostra como esses formatos de relacionamento digital se integram às lojas físicas, contribuindo para o crescimento sustentável e com a rentabilidade do varejo.

A ampliação de canais e pontos de contato com os clientes traz desafios grandes para a agenda de omnicanalidade. Ela pressupõe elementos estruturantes, como qualidade e centralização de cadastros de clientes e produtos, arquitetura e capacidade de integrar as plataformas que interagem com clientes em ambientes que permitam visualizar jornadas híbridas e transições entre canais. A descentralização de parte do *fulfillment* de vendas digitais para lojas também demanda o uso de sistemas de orquestração de pedidos (order management system – OMS), para equilibrar nível de serviço e custo de servir em cada pedido.

Outro tema relevante na agenda de digitalização do varejo: a aceleração digital do varejo é desproporcional em relação à dominância dos marketplaces. Percebemos isso na China antes da pandemia, com grandes plataformas e ecossistemas dominando não só o mundo digital, mas também o varejo físico. No varejo americano, o peso e a dominância da Amazon criaram grande distância em relação às grandes empresas de varejo e outros marketplaces. Já no Brasil existem movimentos que desafiam essa lógica, que acontece de forma um pouco mais distribuída e disseminada, com diversas plataformas relevantes. Entretanto, a concentração é cada vez maior, com dominância crescente das grandes plataformas.

A agenda de omnicanalidade surge de forma importante nesse processo. Se o varejista não tem musculatura para se tornar um marketplace, será preciso aprender a se relacionar com as plataformas, uma vez que ignorá-las é uma opção de risco. No varejo brasileiro, cerca de 14% das vendas em 2024 aconteceram online, sendo que quase 90% delas passaram pelos cinco maiores marketplaces. Dessa forma, cerca de 12,5% do varejo brasileiro está concentrado em poucas grandes plataformas.

Alguns dos marketplaces de destaque no varejo brasileiro são varejistas, como o Magalu, mas esse é apenas um dos polos nessa agenda.

O segundo vetor são os grandes operadores ocidentais, como Amazon e Mercado Livre (uma empresa de origem argentina que tem no Brasil sua maior operação). Por fim, há os asiáticos, como AliExpress, Shopee, Shein e Temu, que têm crescido com muito apetite, pois o Brasil se tornou um destino estratégico.

8 – *Retail media*

A seguir, vamos abordar um tema emergente e de grande importância na reinvenção do varejo como um negócio que vai muito além da compra e venda de produtos. Nosso convidado é Marcelo Pimentel, CEO do GPA, para discutir a evolução de *Retail media*.

Confira nestes QR Codes o episódio sobre* Retail media, *com Marcelo Pimentel, no YouTube (cortes e íntegra) e no Spotify.

YouTube íntegra | YouTube cortes | Spotify

Falar de *Retail media* é falar na monetização de ativos importantes do varejo. É um desafio que o varejo enfrenta, por possuir ativos físicos, canais digitais, grandes bases de clientes e conseguir obter dados atualizados sobre elas. Monetizar essa base como uma plataforma de mídia é um exercício novo e difícil, mas o GPA é um dos casos em crescimento no Brasil e traz muitos insights para outros players no País.

Na agenda de *Retail media* entram vários subtemas emergentes. Tudo ainda é muito embrionário, e o varejo vem amadurecendo, mas é possível colocar o fenômeno *Retail media* como parte do que podemos classificar, de forma mais ampla, como Varejo Orientado por Conteúdo (*Content Driven Commerce*) e que tem seu expoente no mercado chinês. Durante a pandemia, as empresas locais migraram as jornadas e os modelos de ativação de clientes para os ambientes digitais, usando conteúdo e vídeo como alavancas fundamentais. E isso está mudando as jornadas dos clientes.

Quando vemos plataformas nas quais as pessoas misturam compras e entretenimento, como acontece no TikTok e no Kwai, percebemos que isso não é mais rede social: é mídia, é entretenimento, é conteúdo. E essa é uma oportunidade para o varejo monetizar seus ativos, desde que consiga ativar o relacionamento com o consumidor.

E esses ativos são a base de clientes, os dados e conhecimentos sobre os consumidores, as lojas e a capacidade de interagir e influenciar clientes em suas jornadas. A conexão de todos esses fatores redefine a relação do varejo com a indústria – mas não em uma agenda de trade marketing, e sim na captura de valor do que a indústria investe visando o engajamento dos clientes.

Assim, para o varejo que se estrutura para capturar dados, formar inteligência de clientes e ter um CRM ativo e eficaz, torna-se possível monetizar ativos estratégicos via serviços em plataforma de *Retail media* – não só com fornecedores, mas com qualquer marca que queira acessar e impactar essa base.

No mundo digital, esse é um negócio dominado pelas grandes plataformas ancoradas em marketplaces: a Amazon é o maior player dos Estados Unidos e o Mercado Livre é o maior do Brasil. Mas há oportunidades para outras empresas de varejo – e é por isso que empresas como GPA, RD Saúde, Walmart, Walgreens, CVS, Kroger e várias outras montaram divisões específicas de publicidade digital. Os grandes varejistas estão entendendo que há uma avenida de oportunidades para gerar receitas incrementais.

9 – Ecossistemas de negócio

A seguir, avançamos para um tema do qual temos falado bastante nos últimos oito anos e que nos estimulou a conhecer de perto o varejo chinês, ainda antes da pandemia. A China foi o celeiro da construção de ecossistemas, tendo Alibaba, Tencent e JD como principais expoentes. No Brasil, essa agenda amadureceu e se transformou, abrindo outras oportunidades.

Neste livro, a opção por uma abordagem diferente, não óbvia, para os ecossistemas, mostra o quanto esse tema evoluiu. Ecossistemas não se limitam à tecnologia – são modelos abertos e colaborativos que gravitam em torno de clientes e dados e ampliam sua atuação de forma sinérgica. E justamente por isso, o convidado foi Alê Costa, CEO da Cacau Show.

Confira nestes QR Codes o episódio sobre Ecossistemas de negócios, com Alê Costa, no YouTube (cortes e íntegra) e no Spotify.

YouTube íntegra | YouTube cortes | Spotify

A Cacau Show traz o tema dos ecossistemas de uma forma diferente dos modelos chineses. Ela gravita a partir de uma visão tematizada da origem do negócio – a experiência do chocolate e do cacau. Isso mostra que esse é um assunto com inúmeras possibilidades a partir de um conceito central que orientou a transformação do varejo chinês no final da década passada: a transformação no setor não foi incubada pelo varejo, mas por empresas de fora do setor, que se tornaram ecossistemas de negócios difíceis de rotular.

Nesse sentido, a Cacau Show está se tornando um ecossistema, pois extrapola as fronteiras do varejo para desenvolver múltiplas plataformas de entretenimento, serviços, conteúdo e conexão com experiências, em hotelaria, parques temáticos, lojas experienciais e em seu negócio principal, de produção e distribuição de chocolate.

Assim como acontece com empresas de tecnologia como Alibaba, Tencent, JD e as declinações brasileiras desse movimento, no fundo falamos de empresas que podem abraçar os clientes de múltiplas formas, em um ambiente de colaboração, de investimentos estratégicos e de diversificação que explora sinergicamente o alcance da marca e da sua relação com os clientes para entrar em novas fronteiras de negócios.

10 – Responsabilidade social corporativa

O décimo tema nem de longe é menos importante por estar no final da lista. Chegamos ao que tem sido chamado de ESG e já assumiu outras siglas no passado, mas, no fundo, pode ser definido como responsabilidade social corporativa. Trata-se de um tema muito relevante, que lida com a maneira como olhamos o planeta e as pessoas e como isso se conecta com propósito, cultura, atuação das empresas e relacionamento com suas partes interessadas (*stakeholders*).

Responsabilidade social corporativa envolve inclusão, diversidade e outros temas fundamentais, que precisam ser discutidos e reverberados. Com a participação de Fernando Modé, CEO do Grupo Boticário, uma das grandes referências no Brasil e no mundo sobre o tema, este capítulo discute pontos como o papel das mulheres em cargos de liderança, na diretoria e em conselhos de administração das empresas. E avança para questões como a inclusão de minorias e o papel do varejo em promover uma sociedade mais responsável.

Neste capítulo, será possível conhecer um pouco do que o Grupo Boticário faz de forma autêntica, muito inspirada pelos seus fundadores – o que se conecta aos temas da cultura organizacional e da centralidade no cliente, fechando o ciclo e realimentando as discussões trazidas neste livro.

Confira nestes QR Codes o episódio sobre Responsabilidade social corporativa, com Fernando Modé, no YouTube (cortes e íntegra) e no Spotify.

YouTube íntegra | YouTube cortes | Spotify

Podemos avaliar a questão da responsabilidade social corporativa no varejo a partir de três vetores, que batizamos como Liderança 3D.

No fundo, tudo se resume a como o CEO equilibra as agendas que um negócio precisa desenvolver para ser bem-sucedido. Entregar resultados e executar bem os aspectos fundamentais do negócio é a missão de qualquer líder. Olhar para o futuro e criar pontes para que a empresa seja relevante no futuro também é fundamental. Mas quando existe uma pressão dos *stakeholders* das empresas para que as empresas abracem propósitos e causas maiores, os negócios precisam incorporar isso em suas agendas estratégicas e no modelo de negócio.

Os clientes esperam que as empresas tenham posições claras em relação a temas sensíveis e que se posicionem e tenham postura ativa em relação ao impacto que têm no mundo. Nós vivemos em um mundo de grandes desigualdades, pobreza, eventos climáticos extremos e crise ambiental e estamos discutindo o amadurecimento dessa agenda. O Grupo Boticário se preocupa com o assunto desde sua origem. Está em seu DNA, na cultura e nas suas ações.

O caso do Grupo Boticário mostra que as empresas precisam ser mais pragmáticas e efetivas nessa agenda, para mostrar o impacto que está sendo gerado para as causas e propósito do negócio.

O que você está fazendo? Qual é o papel da sua empresa na preservação do meio ambiente e na criação de uma sociedade mais justa? Essa é uma pressão crescente. Pode-se discutir se o termo ESG perdeu relevância e deixou de ser uma variável de alocação de investimentos do mercado financeiro, mas, na perspectiva da relação com os *stakeholders* e da perenidade dos negócios, continuará sendo importante. O varejo é um setor com grande penetração de mulheres em seu universo de colaboradores, mas tem o desafio de ampliar sua participação em posições de liderança: há pouquíssimas CEOs mulheres no setor. Executivas estão presentes em vários pontos, mas são raras no principal posto executivo e minoria nos Conselhos de Administração. Quando avançamos para temas como diversidade de raça e gênero, vemos que há muito a ser discutido e implantado.

Nas questões ambientais, não precisamos ser muito atentos para notar o que está acontecendo com o nosso planeta. O varejo tem um papel fundamental nesse tema, promovendo uma agenda ampla de preservação do meio ambiente, que passa por aspectos como fontes de energia limpa, reciclagem, redução de desperdício e modelos de negócios que promovam a circularidade e a revenda de produtos usados (*secondhand*).

...

Do nosso ponto de vista, este livro, o podcast e os vídeos que formam o projeto 10+10 são uma forma de compartilhar experiências de uma forma autêntica e autoral, trazendo grandes lideranças do varejo brasileiro para discutir ideias, tendências e desafios, contar histórias e compartilhar experiência e conhecimento. Dessa forma, contribuímos para o desenvolvimento de um mercado cada vez mais sólido, maduro, estruturado, competitivo e capaz de abordar os grandes desafios globais.

Este é só o início da jornada. A partir de agora, nos próximos capítulos, traremos 10 das principais lideranças do varejo brasileiro como convidadas para discutir nossa lista dos 10 temas estratégicos mais relevantes para o futuro do varejo. Seja muito bem-vindo a essa jornada de conhecimento e inspiração!

Referências

FADER, Peter. *Customer centricity*: focus on the right customers for strategic advantage. 1. ed. Filadélfia, EUA: Wharton School Press, 2020.

SERRENTINO, Alberto. *Varejo e Brasil*: reflexões estratégicas. 1. ed. São Paulo: Varese, 2016.

TERRA, Eduardo. *Varejo, transformação digital e pandemia*: um panorama das mudanças estratégicas do setor e do que o futuro digital nos trará. 1. ed. São Paulo: Literare Books, 2022.

CAPÍTULO 1

Centralidade no cliente

Alberto Serrentino e Eduardo Terra
em coautoria com Daniel Mazini, ex-CEO da Amazon Brasil

Confira nestes QR Codes o episódio sobre Centralidade no cliente, com Daniel Mazini, no YouTube (cortes e íntegra) e no Spotify.

YouTube íntegra

YouTube cortes

Spotify

"Ser uma empresa centrada no cliente implica repensar completamente modelo organizacional, indicadores e fontes de dados."
Alberto Serrentino

"É preciso ter uma visão sistêmica no momento de analisar um negócio, a partir de uma ótica de clientes."
Eduardo Terra

"Você tem que estar sempre insatisfeito com o que está colocando para o cliente, porque quer ser cada vez melhor."
Daniel Mazini

Estamos começando uma grande jornada de insights e contribuições para a agenda estratégica do varejo brasileiro. A introdução fez um voo panorâmico sobre os 10 temas e como cada um deles se encaixa na realidade brasileira de hoje. Este capítulo aborda questões estratégicas relacionadas ao tema Centralidade no cliente, discutido com Daniel Mazini, CEO da Amazon Brasil entre 2021 e 2024.

Vamos explorar o que está relacionado ao cliente no centro do negócio. É a jornada dos clientes como elemento central da estratégia, como um elemento fundamental de conexão de todos os processos de negócios, da maneira como o negócio se desenvolve e incorpora tecnologia – tendo os dados como elementos fundamentais de conexão entre jornada, experiência e ação.

Colocar o cliente no centro é a base de tudo o que move o varejo e sua transformação. Por isso, decidimos começar essa jornada estratégica pela ótica dos consumidores. Trata-se de um tema essencial para o varejo, uma vez que ter o cliente no centro do negócio implica desenvolver novas competências e superar novos desafios.

Nenhuma empresa de varejo de sucesso cresce sem uma legítima preocupação e um olhar privilegiado sobre o cliente.

Hoje, porém, as jornadas dos consumidores são muito mais complexas e o comportamento é muito mais difícil de ser visualizado.

Ser, efetivamente, uma empresa centrada no cliente implica repensar o modelo organizacional, os indicadores e as fontes de dados, para que o cliente seja entendido em ampla escala. Também é necessário mudar a cultura para que esse repensar esteja impregnado em processos, sistemas e no modelo organizacional. Assim é que, de fato, se cria um negócio que se orienta pelo entendimento das demandas, jornadas e dores dos consumidores.

A Amazon é, hoje, uma das grandes referências globais quando se fala de "cliente no centro". Seu primeiro princípio de liderança é a obsessão por clientes. De fato, a Amazon cresceu e se tornou um gigante global sem perder a capacidade de entender dores e jornadas, adaptando processos e tecnologia para que o consumidor tenha uma experiência rápida, conveniente, sem atritos e relevante.

Obcecados pelos clientes

Na Amazon, a obsessão pelos clientes nasceu em 1994, com a fundação da empresa, e está perpetuada na cultura. Se alguém entrar em um dos vários centros de distribuição da Amazon no mundo e perguntar para as pessoas o que elas estão fazendo ali, a resposta será alguma variação de "estamos tentando fazer o melhor para o cliente".

E isso vale para todas as divisões da Amazon e para o 1,6 milhão de colaboradores da empresa: quem trabalha no corporativo, na AWS, no Healthcare, na área de satélites de baixa altitude, todo mundo fala o tempo todo de cliente, cliente e cliente.

Essa obsessão começa a guiar as ações da empresa quando a jornada do cliente passa a ser vista de uma maneira ampla. O cliente não é apenas quem faz o pagamento ao final de uma transação, mas também é o desenvolvedor de sistemas, quem usa as soluções de cloud, quem vende pelo site, quem cria conteúdo, quem faz a entrega. Cliente em sentido ampliado, para que a empresa entenda qual é a experiência que cada um deles está vivenciando.

Essa preocupação está tão presente, que a Amazon não tem uma área de inovação, ou um time de pesquisa & desenvolvimento. Todo mundo está, o tempo todo, olhando para a dor do cliente, e os times que estão em contato com o público impulsionam a criação de ideias, conceitos e projetos.

O resultado disso é que um novo produto, serviço ou solução não é criado porque vai trazer lucro ou porque a concorrência está fazendo – o foco está naquilo que o cliente necessita ou deseja. E isso dá a segurança de que a empresa avança no caminho certo, em vez de seguir alguma onda.

Um exemplo: quando o mundo começou a falar em colocar Bitcoin no checkout, dentro da Amazon estava claro que esse não era o caminho a seguir, porque a maioria dos clientes não pedia isso. O que eles mais desejavam era um checkout mais rápido – e os esforços da companhia se dirigiram nesse sentido.

Na visão da Amazon, todos, do CEO ao colaborador da limpeza, precisam se colocar no lugar do cliente. Afinal, é possível encontrar o que melhorar em todos os pontos da jornada de consumo – de detalhes como o tamanho ou a posição de um botão no site até toda uma estratégia de promoção e vendas.

Para entender o que o cliente precisa, medir o *Net Promoter Score* (NPS) e fazer painéis com consumidores é importante, mas não é suficiente. Na visão da Amazon, é necessário entender a experiência e a dor do consumidor, indo além de métricas financeiras, de volume de vendas ou de satisfação. Para isso, não é incomum que os colaboradores da empresa usem produtos da concorrência para passar pela experiência de consumo e entender como ela difere daquilo que a própria Amazon oferece. Uma prática que inspira a companhia a trazer inovação para o negócio constantemente.

Uma consequência dessa forma de pensar é uma insatisfação permanente. A Amazon é uma empresa sempre insatisfeita com seu desempenho – pois acredita que é possível continuar inovando e evoluindo. Para ser cada vez melhor, é preciso estar sempre buscando melhorias. E todos na empresa precisam ser responsáveis por essa evolução.

Mecanismos: a cultura na prática

Para entender a cultura da Amazon, vale a pena ler três livros que mergulham nos bastidores da companhia e revelam seu modo de pensar. Um deles é *As cartas de Bezos*, que mostra como os princípios da empresa se refletem nas cartas anuais do fundador. Outros são *A loja de tudo* e *Amazon sem limites*, que narram a trajetória da empresa desde sua fundação até hoje (Anderson & Anderson, 2017; Stone, 2014; Stone, 2021).

Ao longo de ambas as leituras, fica clara a maneira como a Amazon traduz seus princípios culturais em ações a serem aplicadas na gestão e na operação do negócio. É o que internamente é chamado de "mecanismo". Partindo da constatação de que boas intenções não são suficientes para fazer o necessário para o cliente, a empresa conta com processos para executar, medir, auditar e trazer melhorias contínuas – gerando excelência operacional.

Um exemplo de mecanismo é o *bar raising* (levantar o sarrafo), adotado na contratação de pessoas para garantir que a cultura da empresa seja protegida na chegada de novos profissionais. Não adianta trazer uma pessoa com grande capacidade técnica se ela não tiver aderência à cultura. Por isso, um profissional da Amazon de um time diferente do que está contratando faz, durante a contratação, o papel de "advogado do diabo", avaliando se o candidato tem valores, atitudes e ações alinhadas à cultura do negócio.

Outro mecanismo relevante na manutenção de uma cultura sólida é o da "cadeira vazia". Durante anos, foi comum em todas as reuniões que um lugar sempre ficasse vago: é a cadeira que representa o consumidor. Antes de tomar uma decisão, olhar para a cadeira vazia faz pensar em qual será o impacto daquela escolha para o cliente. Reforçado diariamente, várias vezes ao dia, esse mecanismo leva cada colaborador a focar no cliente.

Assim, em vez de pensar em como dobrar a rentabilidade do negócio ou de uma categoria, a empresa foca constantemente em como atender melhor o consumidor, confiando que, com o tempo, essa melhor experiência vai resultar em mais vendas, mais vendedores querendo vender no site e maiores economias de escala – o conhecido "círculo virtuoso" da Amazon.

Um terceiro mecanismo que funciona muito bem dentro da Amazon é o *working backwards* (trabalhar de trás para a frente), iniciando qualquer projeto a partir daquilo que o cliente precisa. Isso se materializa já na discussão de projetos: em vez de uma apresentação tradicional em PowerPoint, é escrito um comunicado à imprensa, como se o projeto já tivesse se tornado realidade.

Esse *press release* tangibiliza o projeto e define quais são as prioridades estratégicas. A chegada da Amazon ao Brasil nasceu como um *press release* que, em 2004, afirmava que a empresa lançava sua loja de livros físicos com o maior catálogo disponível no Brasil, entre obras nacionais e importadas. O texto também informava que os livros comprados em versão física poderiam ser acessados no leitor de e-books Kindle, para que o consumidor pudesse aproveitar sua compra imediatamente, e falava sobre a velocidade de entrega dos pedidos.

O exemplo do projeto de chegada ao Brasil mostra que a Amazon parte de uma visão ampla, cujos objetivos e características principais são delineados no *press release*. O mecanismo ajuda a conversar sobre ideias de uma forma estruturada, definindo escopo, ambição e alcance de cada projeto. A partir daí, parte-se para um aprofundamento, estudando se a promessa do *press release* pode ser cumprida, se será rentável e, em última instância, como fazer acontecer.

A maioria das reuniões na Amazon acontece com documentos formais – e todas contam com uma leitura inicial, como um alinhamento para que todos os participantes iniciem a discussão entendendo o que será debatido. Colocar a visão em um documento de duas, quatro ou seis páginas faz com que ideias sejam trazidas com algum grau de amadurecimento – afinal, escrever exige tempo, concentração e encadeamento de ideias.

Jornada do cliente em foco

A obsessão com o cliente naturalmente faz com que a experiência dele ao longo de toda a jornada seja sempre otimizada. Nesse sentido, os meios de pagamento se tornaram, há muito tempo, um ponto muito importante para a Amazon. A empresa foi pioneira no *one-click buy* (compra em um clique), em que as informações de cadastro e pagamento já estão armazenadas e o cliente só confirma para comprar.

O objetivo é permitir que 100% dos usuários do site tenham condição de comprar na plataforma. Para isso, é preciso avaliar não apenas a experiência de compra, mas também a variedade de meios de pagamento. Eliminar o atrito nessa etapa é outro ponto de atenção: quanto menos cliques e etapas no pagamento, melhor. Quanto mais segurança de que os dados estarão protegidos, mais conversão.

A ideia de pagamentos seguros e sem atrito, com a perspectiva do cliente em primeiro lugar, aparece em diversos exemplos na Amazon brasileira. Enquanto em outros países a assinatura do programa Prime só é feita no cartão de crédito, no Brasil o Pix, o boleto e o parcelamento no cartão de crédito são aceitos.

O parcelamento da assinatura do programa Prime também é uma invenção brasileira (no restante do mundo, quem não opta pelo pacote anual simplesmente assina a opção mensal, ligeiramente mais cara): não foi simples explicar para a matriz nos Estados Unidos que, para a maioria dos brasileiros, o saldo do cartão acaba no meio do mês e, a partir dali, o restante é pago em dinheiro. Ao adicionar a possibilidade de parcelamento do pagamento anual, a Amazon viu seu número de assinantes do Prime no Brasil ter uma forte alta.

O cuidado com a jornada dos clientes provoca mudanças na lógica do e-commerce. O relatório *State of the Connected Consumer Report 2024* mostra que 75% dos compradores abandonam seus carrinhos por não conseguirem encontrar o produto certo com o prazo de entrega desejado. Em um mercado como o Brasil, ultracompetitivo e no qual as opções de pagamento e entrega são muito importantes, a Amazon percebeu que, quanto mais para o final da jornada ficavam as informações de prazo de entrega, menores eram os índices de conversão.

Isso acontece porque quando o cliente percebe, no final da jornada, que seu pedido chegará em quatro dias ou que o meio de pagamento preferido não está disponível, ele abre outras abas no navegador e busca o mesmo item na concorrência.

A solução da Amazon foi levar todas as informações de entrega para a página do produto. Mais recentemente, a empresa passou a incluir esse tipo de informação como filtro na busca, acelerando a jornada de compra e facilitando o processo de compra.

A experiência Prime

O programa Prime tem um papel fundamental na trajetória da Amazon no mundo, pois mostra como, do ponto de vista estratégico, é possível subverter a lógica tradicional de negócios.

Com o Prime, a Amazon conseguiu utilizar um recurso que parecia ser um investimento muito alto para fidelizar os clientes e se tornar uma proposta de valor irrecusável. Lançado nos Estados Unidos em

2005, o programa de assinatura conta hoje com 200 milhões de membros em todo o mundo.

Sua lógica é a de um *all that you can eat* um buffet liberado para todo mundo que quiser comprar. O grande insight foi entender que o frete grátis acima de US$ 35 gerava um tíquete médio de compras muito maior que o custo daquele frete. Na ótica dos consumidores, o frete grátis é um produto gratuito.

A dificuldade é oferecer frete grátis em qualquer produto, pois a tendência é de compra de itens de baixo valor, que geram prejuízo líquido para a operação – especialmente em países de dimensão continental, como Brasil e Estados Unidos.

Por outro lado, os benefícios para a Amazon são relevantes. Os consumidores deixam de comprar somente em períodos promocionais e fazem do Prime um recurso constante em suas vidas, o que aumenta tanto o tíquete médio quanto a frequência e o valor do cliente no tempo (*customer lifetime value* – LTV). Os resultados acompanham essa curva ascendente, uma vez que o consumidor passa a adquirir também itens fora de promoção e se torna mais frequente.

Com a expansão do Prime para outros recursos, como vídeos, games e música, o programa é hoje um pacote de benefícios para clientes que são mais fiéis, têm maior frequência e tíquete médio mais elevado. Um programa que, sob a perspectiva financeira de curto prazo, não faria sentido – mas que no longo prazo, com foco no cliente, se mostrou essencial para o sucesso da empresa.

Essa abordagem foi validada em 2017 pelo professor Aswath Damodaran, maior autoridade do mundo em modelagens financeiras e valuation. Em um artigo publicado naquele ano, Damodaran comprova que o aumento de frequência de compra, de margem e a redução de churn (taxa de cancelamento) de clientes mais que compensa o subsídio dado ao frete dos produtos (Damodaran, 2017).

A conclusão de Damodaran é clara: é preciso ter uma visão sistêmica no momento de analisar um negócio, a partir de uma ótica de clientes. É exatamente o que a Amazon faz, como parte de seu DNA.

Jornada baseada em dados

Traduzir a centralidade como obsessão pelo cliente tem uma semântica interessante. É algo que tem um poder especial, que é impulsionado por outro elemento importante da "cultura Amazon": a orientação das ações pelo uso de dados. Ser orientado por dados (*data driven*) está na base dos quatro pontos que regem a cultura da empresa: obsessão pelo cliente, excelência operacional, atenção ao longo prazo e inovação constante.

Não é possível projetar o futuro de um negócio sem entender suas características e tendências. É impossível melhorar 1% a cada mês sem os dados para identificar e medir as mudanças. É por isso que a Amazon tem os dados como base para a obsessão pelos clientes.

Os indicadores, porém, têm o olhar do cliente. A velocidade de entrega, por exemplo, é avaliada a partir da análise de quantos clientes entraram no site da Amazon e viram ofertas de entrega no mesmo dia, em um dia, dois dias. O mais relevante é o impacto que qualquer ação tem sobre o cliente.

Para que essa abordagem ganhe escala globalmente, os dados são analisados sob a mesma ótica em todo o mundo. Cada time tem seus 20 indicadores-chave (KPIs), que valem tanto no Brasil quanto em qualquer outro mercado. A comparação entre o que acontece em cada mercado se torna mais rica e gera insights que podem ser compartilhados globalmente.

O mais novo aspecto da transformação da jornada dos clientes é o uso de Inteligência Artificial Generativa nos processos de negócios. Um tema desafiador e obrigatório na agenda do varejo, que a Amazon tem liderado a partir do desenvolvimento de aplicações que facilitem a vida de vendedores e parceiros – para que eles consigam listar produtos no marketplace mais facilmente e, assim, estejam rapidamente disponíveis para os clientes.

Um projeto lançado recentemente é o Starfish, no qual um vendedor parceiro informa qual produto quer vender e a IA preenche automaticamente todos os atributos do item na plataforma. Essa automatização do enriquecimento cadastral do marketplace aumenta a qualidade da informação apresentada para o consumidor final, o que tende a ampliar a conversão.

Com a oferta de centenas de milhões de produtos, muitos deles com milhares de avaliações, a Amazon passou a utilizar IA Generativa para resumir conteúdo, informando rapidamente o que os clientes mais gostam ou criticam em cada item. Assim, um cliente pode receber a informação de que um certo produto tem sido muito devolvido

– uma informação muito relevante para quem está em dúvida sobre se deve ou não comprar.

É incomum, na ótica do varejo, que um cliente entre em uma loja, pergunte para um vendedor sobre uma camisa e receba uma resposta como "muita gente tem devolvido esse produto". Sob a ótica do cliente, porém, faz muito sentido, uma vez que diminui a possibilidade de insatisfação e de devolução do item – o que, por sua vez, geraria custos com logística reversa e impactaria o valor do cliente no tempo (*customer lifetime value* – LTV).

A mais recente iniciativa da Amazon com IA Generativa atende pelo nome de Rufus. Lançado em 2024, o sistema permite que o cliente realize buscas a partir de conversas no site. Ao informar, por exemplo, que deseja fazer uma festa de aniversário para 30 pessoas com o tema de Star Wars, o consumidor recebe como resposta uma lista de produtos de que poderá precisar. Interações posteriores com o cliente refinam ainda mais essa busca, gerando conversas relevantes para os consumidores e resultados mais precisos, com economia de tempo e uma experiência de compra mais prazerosa.

No final de fevereiro de 2025, a Amazon anunciou o lançamento da Alexa+, uma nova versão do seu assistente virtual, agora impulsionado por IA Generativa. Na evolução de seu negócio, a Amazon considera a Alexa como um ativo estratégico. A assistente pessoal tem uma forte presença nas residências, em especial nos Estados Unidos – torná-la mais inteligente e responsável é um projeto essencial para a evolução da tecnologia.

A migração gradual da Alexa de *machine learning* para IA Generativa busca evitar não apenas as alucinações, mas criar informações seguras para os clientes. Se um consumidor perguntar que remédio tomar contra dor de cabeça, a tecnologia não pode, de forma alguma, indicar algo errado. O foco principal tem que ser, sempre, a segurança do consumidor – o foco é ter uma Alexa parceira dos clientes, útil, relevante e segura.

Quem é Daniel Mazini

Daniel Mazini foi CEO da Amazon Brasil de 2021 a 2024. Com experiência de mais de 14 anos na empresa, ele também trabalhou nos escritórios de Londres e Seattle, e dedicou 11 desses anos ao planejamento, lançamento e expansão das operações da Amazon no mercado brasileiro. Mazini é especialista em gestão de comércio eletrônico, análise de mercado, estratégia, desenvolvimento de produtos com foco no cliente, execução de lançamentos e gestão de P&L.

Com atenção meticulosa aos detalhes e ampla experiência na construção de cultura corporativa, foco obsessivo no cliente e liderança de equipes diversas, ele trouxe habilidades desenvolvidas em sua carreira na Amazon para fazer crescer o impacto da Amazon para os brasileiros. Sob sua liderança, a Amazon.com.br trabalhou para oferecer excelentes experiências aos seus clientes, marcas e vendedores parceiros em todo o país. Mazini é formado em Administração de Empresas e tem MBA pela London Business School.

amazon

A Amazon nasceu em 1994 na garagem de Jeff Bezos em Seattle, nos Estados Unidos. No ano seguinte, iniciou sua jornada global. Está presente no Brasil desde 2012 com o leitor de e-books Kindle e, em 2014, trouxe para o país seu negócio de varejo de livros. Em 2019, consolidou-se no Brasil como um varejista multicategorias e lançou aqui seu programa de fidelidade Prime.

Ao longo de sua trajetória, a empresa tem continuamente desafiado o varejo a se reinventar, promovendo uma mudança de eixo na maneira como o setor se desenvolveu. A Amazon inovou trazendo para o mundo muitos dos paradigmas que transformaram e continuam transformando o mercado. Um bom exemplo são os marketplaces, hoje dominantes no varejo on-line.

Desde 2019, a Amazon passou de um Centro de Distribuição no mercado brasileiro para 12, com outras dezenas de polos logísticos como operações de cross docking e estações de entrega próximas de centros urbanos para aumentar a eficiência logística. Em fevereiro de 2025, a empresa conta com mais de 150 pontos de distribuição no país, gera 18 mil empregos diretos e 165 mil indiretos.

Para os próximos cinco anos, o principal foco da empresa está no aumento da velocidade de entrega em escala nacional – é um aspecto desejado pelos consumidores e, portanto, perseguido por uma empresa obcecada pelos clientes.

Os princípios de liderança da Amazon

Na Amazon, todos e todas são responsáveis por demonstrar diariamente os princípios de liderança por meio de ações. Os princípios descrevem como a Amazon faz negócios, como os líderes lideram e como a empresa mantém o cliente no centro de suas decisões.

Os princípios são os seguintes:

- **Obsessão pelo cliente –** O ponto de partida dos líderes é o cliente. Eles trabalham com determinação para conquistar e manter sua confiança. Líderes estão atentos à concorrência, mas sua obsessão é pelos clientes.
- **Mentalidade de dono –** Líderes agem como donos do negócio. Eles pensam longe e não sacrificam valores de longo prazo por resultados imediatos. Tomam atitudes em nome de toda a empresa, e não apenas do próprio time.
- **Inventar e simplificar –** Líderes esperam e exigem inovação e invenção de seus times, sempre encontrando formas de simplificar. Buscam novas ideias em toda parte, sem usar a desculpa do "não foi inventado aqui".
- **Estar certo, e muito –** Líderes estão certos, e muito. Eles têm bom senso e instinto aguçado, buscam perspectivas diversas e estão dispostos a abrir mão das próprias crenças.
- **Aprender e ser curioso –** Líderes nunca param de aprender e buscam se aprimorar sempre. São curiosos por novas possibilidades e as exploram.
- **Contratar e desenvolver os melhores** – Líderes elevam o nível de desempenho na empresa a cada contratação e promoção. Eles reconhecem talentos excepcionais e encorajam a sua mobilidade na empresa. Líderes formam líderes e levam a sério o seu papel de coach.
- **Insistir nos mais altos padrões –** Líderes são incansáveis na busca dos padrões mais altos. Eles esperam cada vez mais de seus times. Juntos, disponibilizam produtos, serviços e processos de alta qualidade. Líderes não permitem que pro-

blemas sejam ignorados: eles asseguram sua resolução de uma vez por todas.

- **Pensar grande –** Líderes criam e comunicam uma direção arrojada que inspira resultados. Eles pensam de um jeito diferente e buscam soluções inovadoras para atender os clientes.
- **Ter iniciativa –** A velocidade importa nos negócios. Muitas decisões e ações são reversíveis e não precisam de análise aprofundada. A Amazon valoriza a tomada de decisão com risco calculado.
- **Frugalidade –** Fazer mais com menos. Limitações estimulam a engenhosidade, a autossuficiência e a invenção.
- **Ganhar a confiança –** Líderes ouvem com atenção, falam com sinceridade e tratam os outros com respeito. Eles fazem autocríticas abertamente, mesmo que isso seja incômodo ou constrangedor. Líderes sabem que não são perfeitos e se comparam aos melhores.
- **Mergulhar fundo –** Líderes operam em todos os níveis, estão atentos aos detalhes, monitoram o tempo todo e desconfiam quando as percepções não refletem as métricas.
- **Ser firme, discordar e se comprometer –** Líderes são obrigados a desafiar respeitosamente as decisões das quais discordam, mesmo que isso seja incômodo ou cansativo. Líderes têm convicção, são obstinados e não cedem em prol da coesão social. Mas depois que uma decisão é tomada, comprometem-se por inteiro.
- **Entregar resultados –** Levando em conta os elementos principais do negócio, líderes trabalham para entregá-los com qualidade e em tempo hábil. Contratempos acontecem, mas os líderes se superam e nunca se acomodam.
- **Empenhar-se para ser a melhor empregadora do mundo –** Os líderes trabalham todos os dias para criar um ambiente de trabalho mais seguro, produtivo, diverso, justo e de alto desempenho. Eles lideram com empatia e se divertem no trabalho, facilitando a vida de seus colegas. Os líderes têm uma visão e um compromisso com o sucesso pessoal de seu time.

- **Sucesso e crescimento trazem maior responsabilidade –** A Amazon começou em uma garagem, mas hoje é grande, impacta o mundo e está longe de ser perfeita. Por isso, deve ser humilde e cuidadosa até mesmo em relação aos efeitos secundários de suas ações. Os líderes criam mais do que consomem e deixam as coisas melhores do que as encontraram.

A Amazon e seus mecanismos

Mecanismos são sistemas ou técnicas criadas para gerenciar um negócio. Sem mecanismos que tragam estrutura a orientação, uma empresa pode rapidamente ficar sobrecarregada por detalhes e perder de vista seus principais objetivos, tornando-se menos competitiva.

Sem um conjunto de mecanismos, as empresas acabam fracassando, mesmo tendo bons produtos, serviços e intenções de atuação. Jeff Bezos, o fundador da Amazon, desenvolveu diversos mecanismos que estruturam a forma como os colaboradores da empresa agem no dia a dia. Entre esses mecanismos, estão:

- ***Bar raising* –** É um método de contratação que garante que a Amazon empregue indivíduos altamente capacitados e compatíveis com seus princípios de liderança.
- **Liderança de segmento único –** Permite que a Amazon se destaque em novos mercados por meio de um design organizacional descentralizado.
- ***6-Page narrative* –** É um resumo em até seis páginas do tema de uma reunião, usado como uma alternativa ao PowerPoint. Ele ajuda os líderes a entender melhor, resumir e avaliar informações complicadas.
- ***Working backwards* –** Envolve trabalhar do fim para o início, focando no cliente e no produto final. As equipes elaboram um *press release* e FAQ antes de iniciar um projeto. Isso permite que a empresa avalie e escolha as ideias mais eficazes.
- **Métricas de entrada e saída –** Bons líderes devem instrumentar a empresa para saber o que está acontecendo nela. A Amazon divide as métricas em dois tipos: de entrada e de

saída. Elas são definidas e ajustadas de acordo com o ciclo de vida específico da métrica e são apresentadas em reuniões semanais de negócios (WBR), que ocorrem nos mais diversos níveis da hierarquia.

Referências

ANDERSON, S.; ANDERSON, K. *As cartas de Bezos:* 14 princípios para crescer como a Amazon. As lições do fundador de uma das empresas mais inovadoras e valiosas do mundo retiradas de suas mensagens aos acionistas. Rio de Janeiro: Sextante, 2024.

DAMODARAN, A. *Deconstructing Amazon Prime:* Loss Leader or Value Creator? *In*: Musings on Markets. [S. l.], 17 out. 2017. Disponível em: https://aswathdamodaran.blogspot.com/2017/10/loss-leader-or-value-creator.html. Acesso em: 13 fev. 2025.

STONE, B. *A loja de tudo:* Jeff Bezos e a era da Amazon. Rio de Janeiro: Intrínseca, 2014.

STONE, B. *Amazon sem Limites:* Jeff Bezos e a invenção de um império global. Rio de Janeiro: Intrínseca, 2021.

DANIEL MAZINI E CENTRALIDADE NO CLIENTE

"Olhamos para a jornada do cliente em uma visão ampla: o cliente não é só a pessoa que paga no final."

"Fazer NPS e fazer painéis com consumidores é muito bom, mas não é o suficiente: é preciso entender a experiência e a dor do cliente."

"Boas intenções não são suficientes. Para converter boas intenções em resultados, é preciso contar com os mecanismos."

"Quando o cliente vê que o pedido chegará em 4 dias, ou que não tem o meio de pagamento preferido, ele abre outra aba no navegador e vê se o concorrente tem uma condição melhor."

"O Prime é um programa que, se fosse aprovado somente por uma pessoa de finanças, teria sido rejeitado."

"A migração da Alexa de *machine learning* para IA Generativa traz uma grande preocupação: como evitar não apenas as alucinações, mas criar informações seguras para os clientes."

CAPÍTULO 2

Cultura e organização

Alberto Serrentino e Eduardo Terra
em coautoria com Fernando Yunes,
Country Lead do Mercado Livre Brasil

Confira nestes QR Codes o episódio sobre Cultura e organização, com Fernando Yunes, no YouTube (cortes e íntegra) e no Spotify.

YouTube íntegra

YouTube cortes

Spotify

"O ambiente da Melicidade é um dos grandes símbolos da cultura do Mercado Livre."
Eduardo Terra

"A transformação do varejo não se dá pela tecnologia, e, sim, pela cultura."
Alberto Serrentino

"A empresa olha de forma obsessiva como melhorar a vida das pessoas."
Fernando Yunes

O segundo passo desta jornada de exploração de temas estratégicos para o varejo brasileiro nos leva às questões ligadas à cultura organizacional. E a razão pela qual trazemos o tema da cultura nos primeiros capítulos deste livro é o fato de que a transformação do varejo não se dá pela tecnologia – ela se dá na cultura e na maneira como ela orienta o relacionamento com o cliente, o uso de tecnologia e a organização dos processos de negócios.

O Mercado Livre viveu ao longo da última década uma escalada virtuosa, ganhando espaço no mercado, fazendo investimentos expressivos e colocando sua logística como uma das grandes referências do mercado brasileiro e latino-americano. Porém, é a cultura organizacional que permite que o negócio cresça com qualidade, de maneira sólida e consistente.

Cultura é elemento determinante de sucesso e viabiliza o crescimento das organizações. Ela é moldada a partir de exemplos, comportamentos, símbolos, rituais e sistemas, demandando forte comprometimento e alinhamento da alta direção e engajamento das lideranças.

Nesse processo, é importante estudar a cultura de outros negócios, que podem ser concorrentes ou não. Buscar referências em empresas que sejam fonte de inspiração. Empresas cujo nível de serviço, excelência operacional ou qualidade impressionem. Buscar entender qual é a cultura que norteia essas empresas, pois dessa investigação vão surgir os princípios para evolução do negócio.

Foi assim com o Mercado Livre. Não é um processo rápido: desenhar a visão leva tempo. Amadurecer a cultura, ainda mais. A consolidação de ambas pode levar entre um e dois anos, mas quando essa base estiver solidificada, as pessoas poderão se identificar com essa cultura e princípios – o que impacta a contratação de profissionais e a aderência dos clientes à proposta do negócio.

O papel da liderança

Tudo começa na cultura – e dentro da empresa a cultura tem de ser cultivada pela liderança. No Mercado Livre, um grupo de cofundadores continua presente, tornando-se, efetivamente, o time de líderes que servem como exemplo da cultura. Uma vez que eles façam o *walk the talk* (praticar o que se prega), seguindo os preceitos que eles mesmos colocam como essenciais para o negócio, a cultura é refletida não apenas nos valores, mas também nas práticas cotidianas.

Na cultura do Mercado Livre, o primeiro ponto é **criar valor para o usuário**. Ter o usuário no centro do negócio é fundamental e faz que a empresa sempre olhe, de maneira obsessiva, como melhorar a vida das pessoas. Eliminar os atritos nas transações e nos processos de negócio passa a ser essencial, uma vez que tornar toda a jornada de compra mais intuitiva e simples significa olhar o negócio com o olhar do usuário.

É importante destacar que, para o Mercado Livre, um usuário pode ser tanto um consumidor final quanto um *seller* (revendedor) da plataforma. Estudar as jornadas na plataforma e buscar melhorá-la torna-se um trabalho incansável, uma obsessão da empresa.

Um segundo valor estimulado pela liderança da empresa é **empreender tomando riscos**. Mesmo ultrapassando estimados R$ 120 bilhões de GMV (*Gross Merchandise Value* - Valor Bruto de Mercadorias transacionado pela plataforma) anuais no mercado brasileiro, o Mercado Livre busca manter o espírito de start-up, com rapidez para inovar e ousadia nas apostas. Uma definição usada pela liderança é que o Mercado Livre é um gigante com mentalidade jovem, com muita energia e vontade de criar pensando no longo prazo.

A ousadia e o pensamento de longo prazo fazem com que a empresa não tenha como foco o resultado do trimestre – o foco está em construir os próximos 25 anos do negócio. Com isso, decisões estratégicas de grande porte são tomadas assumindo riscos controlados, mas visando aproveitar oportunidades que se solidificarão no futuro. Uma visão de curto prazo acabaria deixando várias dessas oportunidades na mesa – entretanto, a cultura organizacional acredita que a melhor entrega de valor para o acionista é o crescimento da empresa no longo prazo.

Um terceiro pilar essencial na cultura do Mercado Livre é **colaborar em equipe para vencer**. Os times são competitivos, têm "sangue nos olhos" para crescer e gerar impacto – mas a competição fica da porta da empresa para fora, pois internamente o ambiente é colaborativo.

A cultura desenvolvida pelos líderes promove um ambiente estimulante, colaborativo e pouco afeito a jogos políticos. Trata-se de um ambiente em que os times jogam juntos para criar valor para os usuários – e valor de longo prazo. Incentivos de remuneração focados na geração de valor e em ações de longo prazo são uma parte importante do reforço a essa cultura: o bônus do ano é relativamente pequeno, mas a construção de valor ao longo do tempo tem um peso maior.

Dar o máximo e se divertir é um valor presente no dia a dia. Trabalhar duro, sempre, mas construindo coisas incríveis com leveza. É preciso dar risada, é preciso brincar. É possível gerar excelentes resultados e aproveitar um happy hour – do presidente ao estagiário.

A ausência de hierarquias no dia a dia faz que o ambiente seja mais propício à geração de ideias e à inovação. No Mercado Livre, é esperado que todos os participantes de uma reunião se posicionem e confrontem ideias sem melindres (mesmo que venham de um superior hierárquico). O foco está em tomar as melhores decisões para o negócio, independentemente de onde venham.

Para isso, **a liderança precisa ser humilde**, muito centrada e muito bem resolvida para aceitar a melhor opinião, não importa de onde ela venha. A ausência de ego e de vaidade ajuda o Mercado Livre a ser muito rápido nas discussões – e por se tratar de uma empresa *data driven* (orientada por dados), esses debates são muito analíticos, reduzindo os "achismos", mas, ao mesmo tempo, dando espaço para a ousadia na tomada de decisões.

Dessa forma, os pilares da cultura são praticados no dia a dia pelos executivos. E uma vez que eles pratiquem o que se prega, a empresa como um todo vai se alinhando à mentalidade criada e fomentada ao longo dos últimos 25 anos do negócio.

A liderança também transmite a cultura nas ações do dia a dia – e, para isso, a geografia organizacional também precisa ser levada em conta. Por essa razão, a Melicidade (o complexo de 17 mil metros quadrados da empresa em Osasco, na Grande São Paulo) foi desenvolvida como um espaço que estimula a convivência, a colaboração e o espírito de "trabalho com diversão" que perpassa a cultura corporativa.

Na Melicidade, nenhum colaborador tem um espaço fixo – nem mesmo o CEO. Ao chegar ao escritório, Fernando Yunes utiliza qualquer estação de trabalho disponível – e essa é uma demonstração poderosa de que todos são semelhantes, independentemente do cargo. Com pessoas de diferentes cargos, áreas e responsabilidades misturados em ambiente de trabalho informal, leve, colorido e lúdico, as conversas entre o time fluem sem barreiras.

O espaço é potencializado por serviços como academia de ginástica, cabeleireiro, massagem, mesa de pingue-pongue, espaços de descompressão, cozinha, auditório e grandes bancadas para reuniões em grupo. Sempre transmitindo a ideia de espontaneidade, participação e colaboração – do executivo principal ao estagiário recém-chegado.

Pessoas para preservar a cultura

Preservar a cultura é prioridade no Mercado Livre – em uma empresa que continua crescendo em ritmo acelerado, a preservação se traduz em um cuidado adicional com a contratação de pessoas. A aderência aos valores e à visão da empresa é tão ou mais importante que as competências técnicas, uma vez que, sem a conexão cultural, o profissional não conseguirá criar as pontes necessárias com seus colegas.

Isso é especialmente verdadeiro para as lideranças, que costumam passar por até dez entrevistas com pessoas diferentes antes de serem contratadas. É justamente esse rigor na contratação que permite identificar se o candidato é agressivo e competitivo demais para trabalhar de maneira colaborativa. Ou, no espectro oposto, se ele trabalha muito bem em equipe, mas não tem o espírito empreendedor necessário para propor ideias e assumir riscos.

Dessa forma, o processo de contratação de pessoal se torna um alicerce do próprio crescimento da empresa – especialmente em uma visão de longo prazo, em que o alinhamento cultural se torna ainda mais importante. Contudo, esse é só o começo da história: o cuidado com o processo de integração (*onboarding*) é fundamental para garantir que o novo colaborador esteja 100% alinhado à cultura do Mercado Livre.

No caso das lideranças, o *onboarding* dura 100 dias, nos quais inicialmente não há responsabilidade direta pela execução, que cresce gradualmente, e o trabalho presencial é necessário para garantir a imersão no ambiente, na cultura e no "jeito Meli de ser".

Na avaliação da empresa, o sucesso de um novo colaborador depende de sua capacidade de se conectar à cultura do negócio. Por isso, a liderança precisa dedicar uma parte considerável do seu tempo ao *onboarding* das equipes e ao aculturamento dos profissionais. Começando pelo tempo dedicado às entrevistas para contratação, pela decisão propriamente dita e pela atuação próxima durante o período de *onboarding*, é esperado que as pessoas dediquem tempo a integrar os novos colaboradores à cultura organizacional.

Uma vez tendo se tornado parte do dia a dia, o colaborador passa periodicamente por processos de avaliação que vão além da entrega de resultados. O que é entregue é importante, mas a maneira como essa entrega acontece é tão relevante quanto. Alguém que tenha batido suas metas, mas, nessa jornada, tenha rompido as pontes com o time e criado conflito com outras áreas acabará sendo mal avaliado. Da mesma forma como não é suficiente ser excepcional no relacionamento em grupo, mas não entregar resultados. A combinação entre desempenho e colaboração é vista como o aspecto mais importante para o sucesso de longo prazo.

Um mix que é impulsionado por mecanismos como o Meli Award, que anualmente premia um colaborador que se destacou. Todos os líderes podem indicar pessoas do seu time e, a partir de um processo de filtragem e seleção das propostas, com base no que cada indicado efetivamente entregou (e o quanto esteve aderente aos princípios e valores culturais), chega-se a um vencedor. Trata-se de um processo em etapas, até a final com três indicados, que cria um senso de expectativa, estimula as pessoas e engaja os colaboradores.

Desenho organizacional e modelo de gestão

Os princípios culturais do Mercado Livre se conectam ao desenvolvimento tecnológico realizado internamente pela empresa. Parte da tomada de risco do negócio está em trabalhar com muita velocidade e foco na geração de valor ao cliente – é necessário identificar rapidamente as necessidades e desejos dos consumidores para entregar experiências e uma usabilidade que tornem a empresa a opção preferencial do público.

Atualmente com cerca de 19 mil profissionais na área de tecnologia na América Latina, o Mercado Livre não se vê como uma empresa de TI – e, sim, como um negócio que desenvolve tecnologia como um meio para resolver a vida das pessoas. Essa visão de "TI como meio", aliada ao espírito colaborativo da empresa, faz que as prioridades de desenvolvimento sejam discutidas de maneira conjunta entre as áreas de negócios e de tecnologia. É uma contínua discussão de priorização e escolhas (*trade-offs*) baseadas em potencial, complexidade e impacto de cada desenvolvimento junto aos clientes.

Embora os grandes direcionamentos estratégicos venham dos níveis superiores da empresa, as decisões a respeito de prioridade dos desenvolvimentos são feitas de baixo para cima (*bottom-up*), com os times trazendo as oportunidades e possibilidades em uma estrutura quase de *brainstorm*. Isso acontece porque o Mercado Livre acredita que as dores dos clientes e as oportunidades de melhorias são percebidas rapidamente pelas equipes de contato com o consumidor.

A partir daí, com estimativas de potencial de mercado e complexidade de desenvolvimento e implementação de soluções, as ideias vão sendo refinadas e vão subindo na hierarquia da empresa, até que as decisões de investimento sejam tomadas. Uma vez definido o que será feito, cada liderança tem autonomia para criar as soluções.

Esse é um processo ao mesmo tempo complexo e dinâmico, que se alinha à cultura de "beta contínuo" do Mercado Livre. No linguajar de tecnologia, uma versão beta de uma solução é uma versão ainda não definitiva, com possibilidades de melhoria e aberta ao feedback das equipes. Dessa forma, estar em "beta contínuo" significa que, internamente, não existem verdades absolutas – todo sistema, solução e tecnologia pode receber melhorias ou mesmo deixar de ser usado se houver uma alternativa que faça mais sentido para o cliente e para o negócio.

Para que o "beta contínuo" aconteça, é preciso inovar sem perder a estabilidade e a qualidade dos processos. Uma inovação implementada não pode "quebrar" a experiência do consumidor – e isso se faz com uma abordagem cuidadosa na implementação das inovações. Para experimentar muito – e naturalmente errar bastante no processo – sem prejudicar o desempenho financeiro e operacional do negócio, o Mercado Livre promove inovações em pequena escala. Um novo recurso é aplicado em 5% ou 10% da audiência e testado por algum tempo. Tendo sucesso, é disseminado para 20% a 50% do público, e depois para toda a base de clientes. Novas funcionalidades não são implementadas diretamente para 100% da audiência – a fim de minimizar riscos, permitir testes de hipóteses e experimentar alternativas.

A cultura de realizar testes A/B em um universo pequeno e então escalar se tornou o padrão de implementação no Mercado Livre. Esse modelo permite desenvolver várias inovações e testes em paralelo, em grupos separados, e coletar os aprendizados e ganhos de cada novo recurso. Dessa forma, o aprendizado se torna muito mais ágil – e todo o time se envolve, de alguma maneira, na transformação do negócio.

Toda inovação é, em alguma medida, um aprendizado. Por isso, erros naturalmente acontecem. Nesses momentos, é possível voltar um passo, desfazendo essa mudança que não funcionou na prática, e seguir por outro caminho. Decisões de negócio equivocadas são vistas na empresa como parte do risco da inovação: quem não erra não inova o suficiente. No Mercado Livre, há uma busca incessante pelo limite, por sair daquilo que é confortável para encontrar maneiras melhores de atender os clientes. Dessa forma, a empresa possui uma disciplina que mantém os padrões estabelecidos com qualidade e muito foco na execução, ao mesmo tempo que os colaboradores estão permanentemente desafiando esses padrões, testando outras possibilidades e validando hipóteses. Uma vez que essas hipóteses se confirmam, os padrões são atualizados. Com esse processo, a execução com excelência é sempre priorizada.

Gestão e engajamento

Essa transformação constante do Mercado Livre, impulsionada pela cultura do "beta contínuo", depende do estabelecimento de monitoramento e gestão dos indicadores. Do ponto de vista dos recursos operacionais, o monitoramento de indicadores como vendas, retenção, abandono de carrinho e recorrência é parte do dia a dia – não apenas do Mercado Livre, mas de inúmeras empresas digitais. Porém, no Meli, o uso de indicadores avança para a aderência dos colaboradores à cultura.

Semestralmente, é feita uma avaliação das equipes, com uma pesquisa de engajamento dos profissionais. Entre as várias perguntas desse levantamento, muitas se relacionam à cultura, o que permite "medir o pulso" da adesão das equipes ao propósito e valores da empresa. A partir da identificação dos desvios, a área de RH e os comitês das diversas áreas de negócio se reúnem para desenvolver planos de ação, cujos resultados deverão ser percebidos já na avaliação seguinte. Esse mecanismo, aplicado periodicamente, permite que a gestão identifique os pontos de evolução e onde ainda é preciso melhorar.

Outra maneira de medir o engajamento dos times à cultura organizacional são as avaliações pessoais. Além de tratar de aspectos ligados às competências técnicas e de negócios, as avaliações trabalham os princípios culturais, para que cada colaborador saiba onde está se destacando e onde precisa evoluir. Isso dá, nas palavras de Fernando Yunes, "uma temperatura muito boa de como cada pessoa está em relação aos princípios da empresa".

Uma vez que esses indicadores compõem os painéis-chave de indicadores dos líderes e são considerados na bonificação das equipes, existe um estímulo financeiro à busca constante pela aderência aos princípios culturais que norteiam o negócio do Mercado Livre. Dessa maneira, a empresa cria uma espiral positiva de engajamento dos profissionais que mais se identificam com a cultura organizacional.

O resultado tem sido um enorme sucesso para o Mercado Livre, que se tornou líder absoluto no e-commerce na América Latina e o maior player do mercado brasileiro, com um GMV (valor bruto transacionado pela plataforma) estimado superior a R$ 120 bilhões anuais, com base ativa de clientes no Brasil de aproximadamente 90 milhões e crescimento superior à média do varejo on-line há vários anos. Sem dúvida, um caso de sucesso que nasce a partir de uma cultura sólida, que é protegida e estimulada permanentemente.

Quem é Fernando Yunes

Fernando Yunes é vice-presidente sênior e líder do Mercado Livre no Brasil. Com mais de 25 anos de experiência nos setores de bens de consumo, tecnologia e consultoria, o executivo ocupou posições de liderança em empresas como Whirlpool, Bain & Company e Promon. Como CEO do Sem Parar – empresa de tecnologia e reconhecimento, pioneira no mercado de pagamento automático no Brasil –, ajudou a consolidar o processo de digitalização e a ampliação das frentes de negócios do grupo.

No Mercado Livre desde maio de 2020, Yunes tem como principal missão alavancar as sinergias entre as unidades de negócios que correspondem ao ecossistema de marketplace, além de contribuir para a consolidação da liderança em e-commerce do Mercado Livre no Brasil, em sinergia com o avanço dos negócios fintech, com Mercado Pago, e de logística, com Mercado Envios.

Graduado em Engenharia Mecânica, pela Unicamp, e em Administração de Negócios, pela PUC-Campinas, o executivo tem MBA pela Ross School of Business (Universidade de Michigan), além de formação executiva pela Hyper Island e pela Kellogg Executive Education.

Fundado em 1999, o Mercado Livre é a maior plataforma de e-commerce e serviços financeiros da América Latina, com operações em 18 países e mais de 84 mil colaboradores diretos. A empresa oferece hoje um ecossistema completo de soluções para que pessoas e negócios possam comprar, vender e divulgar produtos, além de obter crédito e seguros, bem como realizar transações financeiras on-line e off-line.

O ecossistema do Mercado Livre conta com o marketplace (Mercado Libre nos países de língua espanhola), o banco digital Mercado Pago, serviços de publicidade no Mercado Ads, logística no Mercado Envios e o broker Mercado Libre VIS (Veículos, Propriedades e Serviços).

Com mais de 100 milhões de clientes ativos anuais, que fazem em média 57 compras e 360 transações por segundo na plataforma, o Mercado Livre fechou o ano de 2024 com US$ 51,5 bilhões em Gross Merchandise Value (GMV) e uma receita líquida de US$ 21 bilhões, com mais de 1,8 bilhão de produtos vendidos.

Os princípios da cultura do Mercado Livre

O Mercado Livre está organizado em torno de seis princípios culturais que formam o alicerce de todas as iniciativas, ações e comportamentos dos colaboradores no relacionamento com os vendedores do marketplace e com o mercado como um todo. O objetivo dos princípios é elevar o padrão dos comportamentos dos líderes, para que o DNA da empresa seja multiplicado.

Intencionalmente, o Meli se propôs a não seguir os padrões encontrados na maioria das organizações. Nesse sentido, os princípios foram construídos com o objetivo de apresentar claramente o que faz parte da proposta de valor do negócio.

Estes são os seis princípios culturais:

1. **Empreendemos assumindo riscos**
2. **Criamos valor para o usuário**
3. **Executamos com excelência**
4. **Competimos em equipe para ganhar**
5. **Estamos em beta contínuo**
6. **Damos o máximo e nos divertimos**

O Mercado Livre é um lugar cheio de desafios, onde os colaboradores podem aprender, crescer, desenvolver-se e deixar sua marca, trabalhando com muita intensidade. Uma pessoa que busque um espaço tranquilo, com uma proposta de equilíbrio entre trabalho e vida pessoal, ou um ambiente em que as responsabilidades estejam claramente definidas e delimitadas, não terá no Meli um lugar ideal.

Os princípios culturais atuam para criar uma organização ágil, empreendedora e focada na excelência da execução e no atendimento ao cliente. A simplificação contínua das estruturas organizacionais visa configurar equipes com autonomia, agilidade na tomada de decisões e inovação constante, em uma empresa de 50 mil pessoas espalhadas em múltiplos negócios e geografias. Dessa maneira, o Meli acredita que o melhor está por vir – e que o momento atual é apenas a ponta do iceberg da evolução da organização.

FERNANDO YUNES, CULTURA E ORGANIZAÇÃO

"A criação da cultura precisa ser encarada como um projeto que envolve toda a liderança."

"O Mercado Livre se vê como um negócio que desenvolve tecnologia como meio para resolver a vida das pessoas."

"A aderência aos valores e à visão da empresa é tão ou mais importante que as competências técnicas."

"Para que o 'beta contínuo' aconteça, é preciso inovar sem perder a estabilidade e a qualidade dos processos."

"No Mercado Livre, o uso de indicadores avança para a aderência dos colaboradores à cultura."

"Toda inovação é, em alguma medida, um aprendizado. Por isso, erros naturalmente acontecem."

"A ausência de hierarquias no dia a dia faz com que o ambiente seja mais propício à geração de ideias e à inovação."

CAPÍTULO 3

Modelo operacional

Alberto Serrentino e Eduardo Terra
em coautoria com Belmiro Gomes, CEO do Assaí

Confira nestes QR Codes o episódio sobre Modelo operacional, com Belmiro Gomes, no YouTube (cortes e íntegra) e no Spotify.

YouTube íntegra

YouTube cortes

Spotify

"É muito fácil o negócio ficar complexo e você perder a mão, parando de enxergar, de fato, como ele está saindo do eixo."
Eduardo Terra

"O atacarejo é uma invenção brasileira que hoje é copiada pelo mundo."
Alberto Serrentino

"Esse é um modelo praticamente único no mundo, porque agrega tanto o consumidor final como uma grande quantidade de micro e pequenas empresas."
Belmiro Gomes

O varejo é um negócio baseado na qualidade da execução. No dia a dia, ao lidar com milhares ou milhões de consumidores, é preciso ser altamente eficiente e produtivo. Por isso, muitas empresas construíram uma longa história de sucesso sem necessariamente serem altamente inovadoras – mas tendo excelência na execução de processos e atividades já provados e consagrados.

Em um negócio intensivo em pessoas, com alta dispersão de bases operacionais, o desafio da execução consistente é significativo. Por isso, ao trazermos para o 10+10 o tema do modelo de negócios e eficiência operacional, focamos em questões essenciais para o sucesso do varejo: consistência, padronização e capacidade de crescer e ganhar escala sem perder qualidade na entrega de valor aos clientes, na produtividade e lucratividade do negócio.

No varejo alimentar, um dos grandes vetores de crescimento na última década foi a evolução do atacarejo. Um conceito de negócios exclusivamente brasileiro, uma invenção que hoje tenta ser copiada por empresas em outros mercados. Uma série de fatores combinados fez com que esse modelo crescesse e se tornasse o grande impulsionador da expansão do varejo alimentar no Brasil, nos últimos anos – mas a essência do atacarejo é a excelência do modelo operacional.

Enquanto em um supermercado as despesas operacionais tipicamente representam cerca de 20% do faturamento, os hipermercados apresentavam por volta de 15% e os atacarejos conseguem operar com apenas um dígito de despesas operacionais, revertendo esse corte de custos em benefícios para os clientes.

Além disso, o atacarejo apresenta sortimento limitado em relação a outros formatos, porém com foco em marcas líderes nas categorias, logística descentralizada com estoques nas lojas e aplicação de dois preços – para compras unitárias ou em volume. Com isso, tornou-se o formato dominante no varejo alimentar brasileiro, com cerca de 50% de participação nas vendas e mais de 70% de penetração nos domicílios.

O atacarejo se tornou o formato mais democrático e transversal no varejo alimentar brasileiro, atendendo inclusive a diversos públicos – consumidores finais, transformadores e revendedores. Conhecer a fundo essa história e entender esse conceito de negócios é essencial para quem deseja compreender o que está na base da eficiência e produtividade do varejo.

Para isso, trouxemos como convidado para este capítulo o CEO do Assaí, Belmiro Gomes, que está à frente de uma empresa com faturamento anual superior a R$ 80 bilhões e um crescimento expressivo ao longo de uma década. Uma história de grande sucesso que traz muitas lições para empresas de todos os setores.

Um modelo único

O Assaí nasceu na cidade de São Paulo em 1974. Na cidade com a maior população do Brasil, surgiu um modelo de negócio que tem como seu pilar fundamental a logística. Em um país de dimensões continentais, metrópoles mal projetadas, circulação urbana deficitária e dificuldade de transporte entre centros produtores e regiões consumidoras, o atacarejo se mostrou, ao longo das últimas cinco décadas, uma solução para a distribuição de produtos.

Hoje representando cerca de 50% do varejo alimentar brasileiro, o modelo de atacarejo é um híbrido que atende tanto aos consumidores finais quanto a micro e pequenos empreendedores. Um conceito praticamente único no mundo, que se aproveitou de um ambiente em que as fronteiras entre pessoas físicas e jurídicas frequentemente se misturam nas jornadas e missões de compras, sobretudo em categorias de consumo de alto giro.

As micro e pequenas empresas são uma grande força no país, em grande parte pelo regime do Simples. Em um país com carga tributária e burocracia elevadas, as obrigações acessórias trazem um nível extra de complexidade que gera uma espécie de "síndrome de Peter Pan": negócios que se mantêm pequenos, pois crescer pode se tornar uma desvantagem.

Um pequeno empresário, dono de um mercadinho de bairro ou de uma lanchonete, paga um salário-mínimo para que um contador faça sua contabilidade. Uma vez que ele saia do Simples e migre para o regime de apuração normal, o custo da mudança pode comprometer a saúde econômica do negócio.

Entra em cena a logística. No Brasil, o custo logístico é muito maior que nos países europeus (com territórios menores, maior densidade populacional e melhor infraestrutura) ou nos Estados Unidos (com um custo de combustível menor e malha de transporte maior). Assim, qualquer distribuição porta a porta se torna custosa: é inviável, na realidade brasileira, que grandes caminhões façam entregas porta a porta em grandes centros urbanos, como acontece no varejo norte-americano.

Assim, a distribuição de produtos de baixo valor agregado, como alimentos básicos, passou a ser feita, em grande parte, pelo atacarejo nas grandes metrópoles. À medida que o setor foi combinando o volume de vendas para micro e pequenos empreendedores (diluindo custos) ao atendimento às classes menos favorecidas da população, criou-se um ciclo virtuoso que, ao longo dos anos, foi rompendo uma série de barreiras na periferia das cidades e levou esse modelo a todas as classes sociais.

A combinação da diluição de custos trazida pelo cliente pessoa jurídica com a margem mais elevada trazida pelas pessoas físicas impulsionou a vantagem logística do atacarejo. Ao movimentar grandes quantidades de produtos, esse modelo de varejo deixou de depender de centros de distribuição, aumentando o giro de estoque e reduzindo o custo operacional.

Trata-se de uma estrutura operacional diferente daquela de um hipermercado – e que se tornou uma vantagem competitiva ao longo do tempo. Ao mesmo tempo, essa característica de movimentar quantidades maiores de produtos exigiu que, no processo de conversão dos hipermercados Extra para Assaí, fosse necessário reforçar o piso das lojas – elas precisavam receber cargas que chegavam a 3,5 toneladas, contra 800 kg em um hipermercado.

Esse é um modelo operacional diferente, que exige um cuidado adicional com as margens. A busca constante por eficiência e produtividade, necessária para manter uma operação rentável, leva a cultura do negócio a estimular a "mentalidade de dono": os colaboradores têm um papel importante em identificar oportunidades de melhoria.

No Assaí, há um convite constante à reflexão, ouvindo o que os profissionais de loja têm a dizer. O próprio CEO Belmiro Gomes se envolve nesse contato direto com os times na ponta: em uma situação, ele visitou uma loja prestes a ser inaugurada e conversou com uma senhora que trabalhava em uma empresa terceirizada de limpeza. Ao saber que ela trabalhava há seis anos no setor e tinha atuado em outras lojas da rede, ele perguntou o que ela poderia ensinar a ele sobre a loja.

Depois do estranhamento da pergunta, a senhora fez cinco sugestões de mudanças operacionais que foram acatadas – incluindo mudar o dia de dedetização da loja para não coincidir com o maior movimento de entregas no ponto de venda. Esses detalhes mostram que oportunidades de melhoria não só continuam existindo, mas devem ser perseguidas cotidianamente.

Proposta de valor, modelo operacional e modelo econômico

Para o Assaí, a diferenciação tem avançado além do preço, procurando distinguir a rede de uma concorrência cada vez mais acirrada e continuar crescendo de modo consistente. Ao se tornar relevante para novos públicos, inclusive das classes A e B, a empresa passa a incorporar fatores que não faziam parte de sua proposta de valor, como melhores localizações, maior carga de treinamento operacional, ampliação de sortimento, melhor ambientação e oferta de serviços.

Uma série de iniciativas tem sido promovida na rede nos últimos anos para fidelização dos clientes, construção de relacionamentos e complementaridade de compra. O Assaí tem liderado o atacarejo na incorporação de novas jornadas de compra, especialmente por meio da oferta de serviços como açougue e área de fatiamento de frios – com o objetivo de entregar uma experiência de abastecimento completa.

O desafio é promover essa incorporação de serviços sem alterar o custo operacional e interferir na proposta de valor baseada em preços altamente competitivos. Para isso, a busca incessante por ganhos de eficiência permite reinvestir os ganhos na experiência de compra. Uma loja padrão em 2010 é completamente diferente de uma loja de 2025, mas tem o mesmo custo operacional (excluindo o aluguel dos imóveis e terrenos). É a escala e a produtividade da operação que viabilizam a entrega de mais serviços e mais valor aos clientes.

A mesma abordagem tem permitido que o Assaí avance na venda de itens não alimentares, como pneus (a empresa hoje tem 4% do mercado nacional na categoria) e itens de oportunidade. É a possibilidade de que um cliente que está em uma jornada de abastecimento de sua residência ou negócio aproveite uma série de oportunidades que não imaginaria encontrar, sem solução de continuidade.

Esse é um projeto que vem ganhando corpo na estratégia do Assaí. Atendendo 40 milhões de consumidores por mês, a empresa se considera capaz de apresentar itens de oportunidade em condições competitivas e estimular o consumidor em diversas missões de compra a aumentar seu tíquete médio – gerando ganhos financeiros adicionais.

A inspiração para esse avanço está na Costco, que, no varejo norte-americano, estimula o retorno dos clientes às lojas com a oferta de itens de oportunidade, que representam uma possibilidade extra de venda de produtos de maneira pontual (conhecida como "caça ao tesouro" – *treasure hunting*). A Costco está, hoje, entre as maiores vendedoras de diamantes e barras de ouro do varejo norte-americano – mesmo sem ter uma proposta de valor que aponte diretamente para esse tipo de produto.

Outra vertente importante da oferta de serviços nas lojas do Assaí são os meios de pagamento e soluções de crédito, especialmente considerando que mais de 40% da base de clientes da rede é formada por pequenos comerciantes. Com uma abordagem focada em custos, o Assaí percebeu, na década passada, que era 40% mais barato operar com dinheiro nas lojas do que com cartões de débito, tamanhas eram as taxas de intermediação do negócio.

O crescimento explosivo do Pix nos últimos anos mudou essa equação e estimulou o aumento da oferta do Passaí, o cartão marca própria da empresa. Com cerca de 500 mil micro e pequenas empresas que compram frequentemente nas lojas, o Assaí identificou a oportunidade de ampliar as vendas de bens duráveis sem elevar seus custos operacionais. Por ter um contato constante com micro e pequenos empreendedores, a empresa acredita estar bem posicionada para oferecer o potencial crédito de que esse cliente necessita, sem onerar a operação e aumentando sua presença como fornecedor desses negócios.

Logística como pilar do modelo de negócio

A base para a capacidade de execução da proposta de valor do Assaí é sua logística – um aspecto que, na visão de Belmiro Gomes, é historicamente subestimado. O varejo de alimentos se desenvolveu pensando o modelo operacional a partir da loja física, considerando obrigatória a necessidade de contar com centros de distribuição para realizar a logística.

Esse modelo permite a distribuição de itens em pequena quantidade com grande capilaridade, mas aumenta os custos operacionais. Mesmo que as despesas de distribuição sejam em parte cobradas dos fornecedores, o modelo gera um custo logístico total maior na cadeia de abastecimento, que precisa ser repassado aos preços dos produtos. O atacarejo subverte essa lógica ao contar com lojas de grande capacidade de armazenamento de produtos e transferir o custo logístico e a "última milha" para o cliente.

Ao contar com um ponto de venda capaz de receber diretamente uma carreta de arroz para que o comerciante vá buscar o produto, os custos operacionais diminuem. O aumento do volume de vendas gera uma diluição de custos que é muito maior em um atacarejo do que em um hipermercado, que precisa contar com um mix mais amplo e depende de centros de distribuição.

O público pessoa jurídica, na visão de Belmiro Gomes, provavelmente preferiria receber o produto em sua loja, com pagamento a prazo. Porém, os custos de entrega desse modelo, versus a possibilidade que o lojista tem de usar seu próprio veículo para ir ao atacarejo comprar, tornou o modelo do Assaí muito interessante para esse perfil de cliente, que também compra para consumo pessoal em suas visitas às lojas. Em micro e pequenas empresas, o veículo da pessoa jurídica e da pessoa física é o mesmo.

Isso faz com que um frete que poderia compor até 10% do custo final do produto passe a custar "dois litros de combustível" – proposta de valor atraente para esse perfil de público. Ao gerar um volume relevante de consumo em um modelo de distribuição que se mostra eficaz para a indústria e para os consumidores, sem comprometer capital de giro dos clientes e com preços mais baixos que os demais canais, o atacarejo ganha competitividade.

Esse modelo básico de execução vem sendo amadurecido ao longo dos anos, a partir da conquista de mais clientes e da melhoria contínua do negócio. Clientes que rejeitavam o modelo devido à sua apresentação passam a considerá-lo quando as lojas melhoram sua ambientação e passam a oferecer mais serviços.

Ao implementar mudanças de maneira gradual e consistente, o atacarejo acompanha a evolução dos clientes sem impactar seus custos. É por isso que, há dez anos, a linha de despesas operacionais do balanço do Assaí se mantém constante, mesmo com a ampliação do sortimento e da oferta de serviços.

Em busca do crescimento sustentável

A expansão do atacarejo ao longo da última década – e especialmente dos últimos cinco anos – tem levado redes de supermercados nacionais e regionais a incorporar o formato, diversificando operações e trazendo novos serviços e características a esse modelo de negócios. Empresas atuando como atacadistas-distribuidores, atacarejo parcelando compras no cartão de crédito sem juros e serviços típicos dos supermercados (como fatiamento de frios e açougues com corte de carne nas lojas) são expansões do conceito que mostram como o mercado é fluido.

O Assaí, por sua vez, vem avançando na oferta de serviços. É parte de sua consistência estratégica e, especialmente, da busca pela manutenção de um crescimento sustentável. Essa abordagem gradual para a inovação tem feito a empresa apresentar um crescimento médio anual de vendas (CAGR) de 26%, desde 2011. Nos últimos 15 anos, o que era uma empresa de R$ 3 bilhões passou a movimentar mais de R$ 80 bilhões. Seria impossível crescer tanto sem evoluir ao longo do tempo.

A visão estratégica do Assaí se baseia no crescimento do público-alvo endereçável em sua proposta de valor. O atacarejo tradicional era uma solução muito eficaz para o público revendedor, para a população de baixa renda e, em menor grau, para o segmento de transformadores (*food service*). Por outro lado, a experiência de compra deixava a desejar. Para ampliar seu público, o Assaí precisaria mudar.

O sucesso dessa estratégia pode ser visto no fato de que a participação das diversas classes sociais nas vendas do Assaí hoje reflete, de maneira muito próxima, a participação de cada grupo de renda no PIB brasileiro. O grande motor da estratégia de transformação foi utilizar os ganhos de eficiência e produtividade para aprimorar a experiência de compra, mantendo as linhas de despesas estáveis ao longo do tempo.

Hoje utilizado por mais de 70% da população brasileira, e liderando os modelos de varejo alimentar, o atacarejo ampliou seu mercado endereçável, por se transformar em uma boa solução para clientes das mais diversas classes sociais e para variados negócios – do mercadinho ao hotel, passando por escolas, pizzarias, restaurantes e consumidores finais.

A importância dos indicadores

Empreender uma jornada de evolução como a do Assaí, com crescimento médio anual vigoroso, está muito associado à capacidade de mensuração dos indicadores relevantes para o desempenho do negócio. O modelo operacional do atacarejo está diretamente associado a aspectos que podem ser medidos, controlados e gerenciados.

O Assaí conta com uma ampla lista de indicadores operacionais que são avaliados para determinar a boa execução da estratégia e possíveis correções de rota. Muitos desses indicadores são clássicos: desempenho de venda, despesas, quebra de estoque, rebates de fornecedores e, no âmbito corporativo, nível de alavancagem e EBITDA. Nos últimos anos, após sua cisão do GPA, o Assaí precisou gerenciar um nível mais elevado de endividamento – e esse gerenciamento depende, acima de tudo, da geração própria de caixa do negócio.

Por isso, o nome do jogo no Assaí é disciplina operacional. Sua capacidade de trabalhar com a cadeia de suprimentos de maneira positiva e com pragmatismo permite que o resultado operacional do negócio seja estável. Ganhos de eficiência e produtividade são reinvestidos na operação e contribuem para acelerar a evolução do conceito.

Essa é uma jornada contínua. O Assaí tem avançado no entendimento, na medição e na gestão de indicadores relacionados à experiência do cliente – um aspecto cada vez mais importante com o aumento da concorrência e o crescimento do uso do formato de atacarejo pelas classes A e B.

A característica de atendimento de pessoas jurídicas e físicas (às vezes no mesmo tíquete de compra) dificulta a geração de dados granulares de comportamento dos clientes. Embora a empresa esteja avançando na análise de indicadores como base de clientes ativos, frequência, recorrência e NPS (*Net Promoter Score*, indicador de satisfação de clientes), no setor permanece o desafio de desenvolver campanhas e iniciativas promocionais que atraiam tanto o consumidor final quanto o pequeno empreendedor – sem prejudicar as margens.

Sustentabilidade econômico-financeira

Ao longo da jornada evolutiva do Assaí, dois aspectos fundamentais do crescimento do negócio são a descentralização das decisões e a regionalização da atuação da empresa. No Brasil, o setor de alimentos sempre foi muito regionalizado, seja por questões tributárias, pela complexidade logística e por questões culturais. Há de fato diversos "Brasis" dentro do Brasil.

Essas características fazem com que seja difícil desenvolver negócios de varejo alimentar de presença nacional. Para que o Assaí conseguisse expandir nacionalmente sua presença e operação, foi necessário abraçar a regionalidade.

A logística tem um papel essencial nessa estratégia: movimentar produtos perecíveis em distâncias longas gera custos significativos. Mesmo para itens industrializados, uma série de questões culturais e de costumes locais estimula o regionalismo e faz com que existam fabricantes de produtos de limpeza de atuação restrita geograficamente, com faturamento na casa dos bilhões de reais.

A regionalização, assim, se impõe como necessidade na estrutura comercial da empresa. É muito difícil, estando em estruturas centralizadas em São Paulo, definir o fornecimento e o preço de um produto na Amazônia – quanto mais estabelecer bons relacionamentos comerciais com empresas locais. Compartilhar a tomada de decisão com os gestores nas lojas foi a decisão tomada pelo Assaí para ter sucesso em nível nacional.

Também é preciso levar em conta o impacto da desigualdade social do país. No Brasil, não é incomum que, nas grandes capitais, alguns poucos quilômetros separem regiões com índices de desenvolvimento humano (IDH) completamente diferentes. Não existe "consumidor médio" e somente um olhar próximo permite identificar as características de cada mercado para tomar decisões assertivas de sortimento, precificação e promoção em cada ponto de venda.

Como exemplo, ao entrar no Espírito Santo em 2024, o Assaí cadastrou 2.000 itens (SKUs) únicos para o estado, não comercializados em nenhum outro local. Em alguns casos, produtos com 70% de participação de mercado que não estavam no cadastro da rede, pois não são vendidos em outras regiões. O mesmo acontece em cada estado brasileiro.

Como resultado, desenvolver um sortimento padronizado é muito difícil, praticamente obrigando o negócio a realizar uma administração por região ou mesmo loja a loja. Apesar de apresentar um conceito de negócios simples, o atacarejo se mostra extremamente complexo abaixo da superfície.

Administrar essa escala depende, cada vez mais, do uso intensivo de tecnologia. Inteligência Artificial e automação têm papel crescente na obtenção de eficiência operacional e vantagem competitiva, na microssegmentação do sortimento e na execução comercial e operacional.

É preciso abraçar o futuro, mas sem perder de vista o que agrega valor para o consumidor final. A Inteligência Artificial é o grande tema do mundo da tecnologia, mas, para algumas análises, algoritmos tradicionais ainda funcionam melhor que as ferramentas de IA hoje disponíveis. É preciso ter cautela na adoção de "novas verdades" sobre tecnologia – especialmente na venda de itens de baixo valor agregado.

O atacarejo, com um modelo de negócios baseado em eficiência operacional, controle de custos e ganhos de escala, tem muito a evoluir com a adoção intensiva de Inteligência Artificial, o desenvolvimento de cultura baseada em dados e capacidade de personalizar sortimentos de acordo com as demandas e as necessidades de públicos em microrregiões. Essas são tendências que nortearão o crescimento do setor nos próximos anos.

Quem é Belmiro Gomes

Belmiro Gomes é CEO do Assaí Atacadista desde 2011 e membro do Conselho de Administração desde 2022. Liderou a forte expansão da companhia nos últimos dez anos, posicionando o Assaí como a segunda maior empresa de varejo do Brasil e único atacarejo listado na bolsa de valores brasileira (B3), além de um dos seis maiores empregadores privados do país.

O executivo tem 35 anos de experiência nos setores de varejo e de atacado. É também membro fundador e vice-presidente da ABAAS (Associação Brasileira dos Atacarejos). Belmiro foi reconhecido como CEO do ano de 2022 pela revista Consumidor Moderno *e listado como um dos 10 Melhores CEOs do Brasil pela* Forbes *daquele ano. Estudou contabilidade no Instituto de Educação Maringá.*

ASSAÍ
ATACADISTA

O Assaí Atacadista é uma empresa brasileira de atacarejo que atende pequenos e médios comerciantes e consumidores que buscam economia, variedade de produtos e um bom atendimento. Fundado em São Paulo (SP) há 50 anos, atualmente, conta com mais de 300 lojas, distribuídas em todo o país – e um terço dessas unidades foi aberto desde 2021.

A rede comercializa tanto no atacado (venda em grandes volumes) quanto no varejo (unitários) – em ambos apresentando preços mais baixos que em formatos tradicionais de super e hipermercados. As unidades contam com estoques amplamente abastecidos, facilidades de pagamento e prezam por uma experiência eficiente e prática.

Com faturamento de R$ 80,6 bilhões em 2024 (crescimento de 10,7% sobre o ano anterior) e R$ 769 milhões de lucro líquido (+8,3%), a empresa vem ampliando seu público: dos 40 milhões de pessoas que passam pelas lojas da rede, 42% são pessoas jurídicas (microempreendedores, principalmente) e 58% são pessoas físicas – 44% delas provenientes das classes A e B, mostrando que o foco em preços baixos do Assaí atrai todo perfil de público.

BELMIRO GOMES E MODELO OPERACIONAL

"O atacarejo é um conceito de negócios exclusivamente brasileiro, uma invenção que hoje tenta ser copiada por empresas em outros mercados."

"O atacarejo se beneficiou de um ambiente em que as fronteiras entre pessoas físicas e jurídicas frequentemente se misturam nas jornadas e missões de compras."

"A busca constante por eficiência e produtividade, necessária para manter uma operação rentável, leva a cultura do negócio a estimular a 'mentalidade de dono'."

"A base para a capacidade de execução da proposta de valor do Assaí é sua logística – um aspecto historicamente subestimado."

"Ao implementar mudanças de maneira gradual e consistente, o atacarejo acompanha a evolução dos clientes sem impactar seus custos."

"A visão estratégica do Assaí se baseia no crescimento do público-alvo endereçável em sua proposta de valor."

CAPÍTULO 4

Loja *hub*

Alberto Serrentino e Eduardo Terra
em coautoria com Marcilio Pousada,
Chairman e ex-CEO da RD Saúde

Confira nestes QR Codes o episódio sobre Loja hub,
com Marcilio Pousada, no YouTube (cortes e íntegra) e no Spotify.

YouTube íntegra

YouTube cortes

Spotify

"A essência da fidelidade não está na troca de pontos: está na inteligência gerada para o negócio e na capacidade de influenciar o relacionamento com o cliente."
Eduardo Terra

"A loja física passa a ter uma relevância estratégica ampliada ao incorporar funções de atração, manutenção e engajamento de clientes."
Alberto Serrentino

"Conectar tudo em uma plataforma: esse é o caminho dos próximos cinco anos. A jornada de digitalização apenas começou, ainda tem muito para ser feito."
Marcilio Pousada

A Loja *hub* é um tema essencial na discussão do novo papel da loja física em um varejo cada vez mais digitalizado, que passa a ter relevância estratégica ampliada. A loja deixa de ser um simples ponto de venda e passa a incorporar funções de atração, manutenção e engajamento de clientes. Nesse processo, também se torna um *hub* logístico integrado a todo o ambiente de omnicanalidade, um centro de serviços e soluções, um *hub* de experiência e o ponto central da conexão e do relacionamento com a base de clientes.

Essa é uma evolução que vem impactando, em grau, intensidade e velocidade variada, todos os segmentos do varejo. O setor de farmácias, em especial, vem apresentando uma evolução importante ao longo dos últimos anos – uma evolução da qual temos participado contribuindo com inspirações, referências globais e, por meio da Associação Brasileira de Farmácias (Abrafarma), com a disseminação de exemplos e boas práticas.

Embora este capítulo traga como convidado Marcilio Pousada, CEO da RD Saúde até dezembro de 2024 e agora presidente do conselho de administração da empresa, os insights e as lições sobre a Loja *hub* não se restringem ao setor de farmácias. O segmento, um dos mais maduros e competitivos do varejo brasileiro, é uma referência global em serviços e em eficiência operacional, embora possua características únicas. Enquanto o varejo norte-americano se desenvolveu em torno das *drugstores*, que são lojas maiores com mais área dedicada a itens de alimentação e conveniência do que medicamentos, o varejo europeu continental é desmembrado em pequenas lojas focadas em medicamentos e em parafarmácias que comercializam itens de perfumaria, beleza, cosméticos e bem-estar. No Reino Unido, redes como a Boots conseguiram combinar saúde, beleza, bem-estar e conveniência em suas lojas.

As particularidades de cada mercado abrem oportunidades para o entendimento das circunstâncias que moldam a evolução do varejo e do relacionamento com os consumidores – um aspecto importante no desenvolvimento de pontos de venda que consigam ir além das exigências legais, agregando serviços, experiência e eficiência em negócios integrados e que incorporam recursos digitais em uma intensidade cada vez maior.

O novo papel da loja física

Em 2018, já detentora da posição de maior rede do varejo farma brasileiro, a RD Saúde desenhou seu plano estratégico para os anos seguintes, procurando posicionar o negócio para se tornar a "farmácia do futuro". A partir de pesquisas aprofundadas do comportamento e das expectativas dos consumidores, a empresa começou a desenvolver dois grandes pilares.

O primeiro deles é a criação de uma nova farmácia, cada vez mais digitalizada e integrada em uma operação *omnichannel*. Essa integração aumenta a capacidade de o negócio entender o comportamento dos consumidores em qualquer ponto de contato – e principalmente no cruzamento das interações entre digital e físico.

O segundo pilar do plano estratégico é a transformação das lojas físicas em *hubs* de saúde, em uma espécie de retorno a um passado cada vez mais distante em que o farmacêutico do bairro conhecia seus clientes e era capaz de prestar um primeiro nível de atendimento. Existe um componente social importante nessa abordagem, uma vez que o atendimento primário realizado nas farmácias pode desafogar o sistema público de saúde e torná-lo mais eficiente.

Alinhados ao foco de contribuir para uma sociedade mais saudável, esses dois pilares levaram a empresa a mudar seu nome de Raia-Drogasil para RD Saúde – refletindo uma mudança de posicionamento voltado à integração de vários outros negócios dentro da farmácia. Nesse sentido, a farmácia desse novo momento atua na saúde primária, focando na promoção da saúde, na proteção, na prevenção e no primeiro atendimento.

Esse movimento transforma as lojas da RD Saúde em parte do sistema de saúde, por meio de uma oferta de serviços que transcende o tradicional papel das farmácias como vendedoras de medicamentos. Encerrando 2024 com serviços de saúde implementados em mais de 2.700 de seus quase 3.300 pontos de venda em todo o Brasil, a varejista democratiza o acesso a vacinações e exames de bioimpedância.

O maior vacinador contra herpes zoster do país, por exemplo, já é a RD Saúde. A partir da detecção da doença, é possível atuar para trazer mais conforto para o dia a dia do paciente. Já no mercado de prevenção, do qual a varejista tem cerca de 9% de participação no país, o foco está na utilização de medicamentos de uso crônico – para isso, o uso de dados e o contato constante com o público pelos meios digitais e físicos têm um papel importante em ajudar os pacientes e não interromper seu tratamento.

O primeiro atendimento também se torna um aspecto importante entre os serviços prestados nas lojas. Durante o surto de dengue em 2024, a RD Saúde realizou mais de 200 mil testes, seguindo com uma prática que se popularizou com o coronavírus entre 2020 e 2022, quando as lojas da rede assumiram um papel protagonista na identificação de focos da Covid-19.

Esse é o momento atual. A RD Saúde entende que essa é uma jornada que apenas começou – e a continuidade depende da digitalização cada vez maior dos serviços e da relação com os clientes, transformando a varejista em uma plataforma de gestão de saúde. Nessa visão de plataforma, atendimentos que são realizados tradicionalmente fora das farmácias podem vir a ser realizados a partir das lojas físicas ou dos recursos digitais do varejista. Um exemplo é fazer com que os casos de influenza detectados em exames na loja sejam imediatamente seguidos por uma consulta, via telemedicina, com um médico que indique o melhor tratamento e traga, rapidamente, uma solução para aquele problema do paciente.

Para que isso aconteça, o papel da loja física continuará em transformação. Embora esse seja um exemplo focado no setor da saúde, o conceito de utilizar meios digitais e desenvolver jornadas tendo o cliente como foco abre a possibilidade de que diferentes segmentos de varejo reimaginem seus negócios, criando diferentes oportunidades – ou ameaças, para quem não conseguir se adaptar às mudanças do mercado.

A loja como *hub* logístico

A ampla capilaridade de uma rede com mais de 3.300 lojas se torna um ativo estratégico importante e um elemento essencial de nível de serviço para a RD Saúde. O grande salto da empresa na integração das lojas físicas como parte de uma logística ampliada essencial para uma operação *omnichannel* se deu a partir de 2017/2018, quando a varejista começou a oferecer o serviço de Compre e Retire em suas lojas.

À época, as grandes referências nessa prática, que utiliza as lojas físicas como um posto avançado de processamento de pedidos on-line, se encontravam no varejo de alimentos. Em países como a França, a prática de retirar pedidos de produtos no estacionamento do supermercado foi se popularizando. Já na China, marcas como Freshippo (Hema), do grupo Alibaba, desenvolveram supermercados híbridos que operam como *micro fulfillment centers* – dois terços das vendas são para entrega de compras feitas pelo aplicativo e processadas para serem feitas em 30 minutos em um raio de 3 km a partir das lojas.

O conceito de loja como *hub* logístico ganhou força em todo o mundo com a pandemia, quando ficou claro que os estoques descentralizados poderiam ser uma grande vantagem para disponibilizar produtos em poucos minutos para os consumidores. Porém, ainda em 2018, a RD Saúde iniciou a transformação de suas lojas em *hubs* de entrega – e, em questão de dias, a importância do digital dobrou, de 0,7% para 1,4% do negócio. Números pequenos, mas que demonstravam o potencial.

Atualmente, quase 19% das vendas da RD Saúde acontecem por meios digitais, utilizando as farmácias como uma parte integral da cadeia de abastecimento para viabilizar a entrega de pedidos em questão de minutos para quem precisar – ou a retirada na loja em um momento conveniente para o cliente.

Em meio a uma revolução muito ligada às mudanças nas jornadas dos consumidores, a farmácia vem tendo seu papel ampliado. Os consumidores valorizam a farmácia perto de casa, em localizações convenientes e de fácil acesso. Há anos, a RD Saúde tem como princípio instalar suas lojas na melhor esquina possível, com estacionamento, para receber clientes que não querem mais se deslocar para fazer suas compras ou atender alguma emergência. O desenvolvimento de 120 farmácias dentro de shopping centers também é uma forma de atender essa demanda cada vez maior por conveniência – que tem um impacto relevante no tempo de entrega de pedidos on-line.

Repensar o papel estratégico da loja física, considerando-a como um *hub* avançado de distribuição de produtos para seu raio de influência primário, precisa estar no mapa estratégico de varejistas de diversos segmentos. O mercado chinês, com penetração digital próxima a 40% das vendas do varejo e modelos de integração de lojas (mesmo independentes) a plataformas digitais, confirma a oportunidade. Na Índia, o crescimento do *Quick Commerce* (modelo de vendas digitais com entregas ultrarrápidas de até 15 minutos) se apoia em estoques que estejam próximos aos clientes, usando lojas físicas para processamento de pedidos.

A loja como *hub* de serviços

O caminho estratégico de desenvolvimento de um ecossistema no qual a loja física tem um papel primordial já está consolidado na RD Saúde. O grande desafio é de execução, especialmente na construção e consolidação de uma plataforma digital de relacionamento, produtos e serviços.

A farmácia pode exercer um papel importante como complemento ao sistema de saúde implementado no Brasil. Esse sistema conta com o Sistema Único de Saúde (SUS) como o grande centro de atendimento popular e com planos de saúde (e seu ecossistema próprio de hospitais e centros de diagnósticos) atuando de modo suplementar. O SUS também conta com recursos como a Saúde da Família, que realiza uma primeira linha de atendimento preventivo.

A possibilidade de conectar os planos de saúde às farmácias e evitar que as pessoas precisem se deslocar até um pronto-socorro, sendo atendidas pessoal ou remotamente a partir da capilaridade das lojas físicas, diminui a pressão sobre as estruturas tradicionais de atendimento e permite cumprir o propósito da plataforma de saúde que vem sendo desenvolvida pelo varejo. É nisso que a RD Saúde vem trabalhando nos últimos anos.

O desenvolvimento de uma plataforma digital permite à varejista aprofundar sua relação com os clientes. O que começou por meio do site avançou para o aplicativo móvel da empresa em 2020, buscando integrar a experiência de loja com a experiência no app. Os resultados falam por si: ao final de 2024, 19% das vendas da empresa aconteceram pelo meio digital, e 74% do digital passou pelo app.

Existe muito espaço para avançar na construção de um ecossistema de saúde centrado no aplicativo que o cliente tem em seu smartphone. Estima-se que de 80% a 85% dos atendimentos realizados no pronto-socorro de hospitais poderiam ser feitos em uma farmácia, desafogando tanto o sistema privado quanto o público e possibilitando um atendimento mais próximo, conveniente e ágil para os pacientes.

Hoje existem aproximadamente 30 mil Unidades Básicas de Saúde (UBS) do SUS no país e aproximadamente 80 mil farmácias. Incluir o setor farmacêutico no atendimento de primeira linha tem o potencial de quadruplicar a capacidade de solução das demandas básicas de saúde da população. O impacto social da transformação do papel da loja física não pode ser ignorado.

Realizar esse atendimento passa por contar com pessoas preparadas – uma vez que é na loja física que os serviços são tangibilizados para o público. Atualmente, a RD Saúde conta com 500 colaboradores realizando curso interno de formação como farmacêutico, preparando a necessária mão de obra para atendimento.

Ao mesmo tempo, essa formação adicional do time, aliada às novas exigências de utilização da loja física para separação de pedidos on-line, transforma as rotinas e o modelo operacional das lojas. O recurso mais nobre (as pessoas) é dividido entre o atendimento de balcão e a prestação de serviços de saúde, demandando mais preparo das equipes e processos ajustados para que o negócio como um todo mantenha sua eficiência operacional.

Essa é uma evolução de todo o setor – e, de maneira ampliada, de todo o varejo. A partir do momento que a loja física traz para si outras atribuições, como a prestação de serviços que não estavam no DNA da compra e venda de produtos, processos, práticas, sistemas, políticas de treinamento e remuneração das equipes precisam ser revisitados. Esse é um movimento essencial rumo a uma presença mais intensa e estratégica dos pontos de venda no dia a dia do público – como consequência, permitindo que o varejo participe de novas jornadas dos clientes.

Loja *hub* e omnicanalidade

Na consolidação das lojas físicas como *hubs* de atendimento, serviços e logística, é necessário enxergar as diversas jornadas dos clientes, entendendo cada consumidor como único em um ambiente complexo. A visão centrada no cliente depende do uso intensivo e integrado de dados, permitindo que um pedido seja entregue nos grandes centros em menos de uma hora com uma mensagem personalizada de um profissional da loja.

Essa é uma forma de, em um ambiente de digitalização crescente, trazer o calor humano e a personalização para o relacionamento com o cliente, ao mesmo tempo mantendo o vínculo com a loja do bairro. Na RD Saúde, atualmente 95% das entregas de pedidos acontecem a partir das farmácias – e 90% delas em menos de uma hora. Essa eficiência traz para o cliente a segurança de que pode contar com a farmácia do bairro para o que precisar, mesmo sem ter de ir até lá para ser atendido.

O que vem se revelando, cada vez mais, na ampliação dos meios de disponibilização dos produtos é o seguinte: o cliente pode ir à loja física e comprar da forma tradicional; pode comprar on-line (site ou aplicativo) para receber em casa; pode comprar pelo digital e retirar na loja em uma área de retirada; pode também retirar em armários (*lockers*) ou receber uma encomenda entregue por um motorista de aplicativo.

Os cerca de R$ 6 bilhões anuais que a RD Saúde movimenta em suas vendas digitais passam necessariamente pelas lojas físicas para entregar a agilidade e a eficiência desejadas pelos consumidores. Fica claro, pelo exemplo da empresa, que a omnicanalidade, quando bem construída, traz sinergias e não uma competição entre canais. O e-commerce tradicional, que entregava a partir de centro de distribuição distante dos clientes, não é mais a realidade dominante, especialmente para segmentos de alto giro, baixo valor unitário e compras recorrentes.

A omnicanalidade gera mais frequência, engajamento e valor capturados na relação com a base de consumidores: clientes frequentes da RD Saúde utilizam intensamente os meios digitais e compram na rede 24 vezes ao ano, enquanto clientes não fidelizados só o fazem de 8 a 9 vezes.

Dessa forma, a estratégia de relacionamento com os consumidores passa pelo aumento da recorrência das interações – o que depende do uso do aplicativo da rede. A integração dos canais permite entender melhor o comportamento dos clientes e aumenta seu valor ao longo do tempo (LTV – *lifetime value*). Para isso, é preciso ter visão única dos clientes, suas jornadas e dados. Na RD Saúde, a loja tem atribuição das vendas processadas para entrega, evitando conflitos entre canais e orientando o foco para as jornadas de cliente.

Na visão da RD Saúde, a questão a ser resolvida é o atendimento ao cliente. Para atendê-lo bem, é necessário estar alinhado às suas necessidades e desejos. Clientes que são omnicanal em seu comportamento ao longo de toda a jornada não devem ser atendidos por uma estrutura fragmentada, que não o reconhece em todas as suas interações. Ao alinhar todo o time (inclusive na remuneração) às demandas dos clientes, a varejista elimina atritos e culturalmente se desenvolve para entregar o que o consumidor deseja, da maneira como ele deseja.

Papéis em transformação

A mudança do papel da loja física traz consigo uma agenda ligada à evolução do papel dos profissionais que interagem com clientes. Nas farmácias, a interação humana é fundamental para experiência, confiança e engajamento de clientes. As equipes nas lojas físicas precisam estar preparadas para cuidar dos clientes, empoderadas pelo uso de tecnologia para viabilizar melhores experiências.

Nesse novo cenário, a qualidade do cadastro e a alimentação de dados transacionais e de jornadas são fundamentais para melhorar a experiência do cliente e permitir personalização em escala.

Na RD Saúde, o trabalho para evitar erros no cadastro passa por agregar valor ao atendimento, a fim de que o cliente perceba que é vital manter seus dados corretos e atualizados no sistema. O foco no apoio ao tratamento, com atendimento pós-venda que verifica se a adesão ao uso do medicamento está ocorrendo, é uma forma de, ao mesmo tempo, garantir a qualidade do serviço e conferir se os dados estão atualizados. Dessa forma, o pós-venda assume um papel ativo de ser um prestador de serviços de saúde e, ao mesmo tempo, contribuir para que uma próxima experiência do consumidor seja ainda mais rica.

Existem diversas jornadas de consumo dentro do ecossistema de negócios da RD Saúde, muitos dos quais podem acontecer em um sistema de autoatendimento. Comprar itens de higiene e beleza é muito diferente de um medicamento sob prescrição médica, tanto no processo de decisão quanto nos aspectos legais que precisam ser cumpridos. Para fazer da loja física um agente da saúde na comunidade, cada um desses aspectos deve ser atendido, mantendo uma experiência fluida e amigável.

Novos indicadores de desempenho

Identificar se essa experiência está sendo efetivamente entregue depende do uso de indicadores de desempenho que não fazem parte dos tradicionais índices do varejo. Um setor sempre muito focado em indicadores operacionais ligados à loja física (como venda por metro quadrado, tíquete médio ou venda por funcionário), o varejo, vem reforçando a transformação cultural por meio de novos indicadores, que lançam luz sobre novos aspectos voltados a clientes.

É o caso do *Net Promoter Score* (NPS), que mede a satisfação do cliente com o serviço recebido*. Desde 2018, a RD Saúde coloca

* O *Net Promoter Score* (NPS) surgiu em 2003, quando o autor e pesquisador de negócios Fred Reichheld publicou o artigo "The One Number You Need to Grow" na revista *Harvard Business Review*. Após esse artigo e depois de vários estudos, Fred Reichheld e a consultoria Bain & Company lançaram o livro *The ultimate question*, aprofundando o conceito de NPS.

O *Net Promoter Score* é calculado com base nas respostas a uma pergunta: "Qual é a probabilidade de que você recomende a nossa empresa/produto/serviço a um amigo ou colega?" A pontuação para a resposta costuma ser apresentada com base em uma escala de 0 a 10. Aqueles que respondem com uma pontuação de 9 ou 10 são chamados de Promotores, considerados propensos a apresentar comportamentos de criação de valor. Os que respondem com uma pontuação de 0 a 6 são rotulados Detratores, e acredita-se serem menos propensos a apresentar comportamentos de criação de valor. Respostas de 7 ou 8 são consideradas Neutras. O *Net Promoter Score* é calculado subtraindo a porcentagem de clientes Detratores da porcentagem de clientes Promotores. Clientes Neutros contam para o número total de entrevistados, mas não afetam diretamente o resultado líquido.

Após a pergunta principal, as empresas geralmente fazem uma segunda pergunta aberta, solicitando as razões para a classificação dada pelo cliente. Essas razões podem então ser fornecidas aos funcionários da linha de frente e equipes de gestão para ações de melhoria.

o NPS como um de seus principais indicadores de negócio, atrelando até mesmo o bônus dos principais executivos aos níveis de satisfação dos consumidores. Uma forma clara de mostrar quais são os pontos mais importantes que devem ser monitorados e perseguidos pela equipe.

Tendo visto, na última década, o NPS da empresa evoluir de 60 para 90 pontos, a RD Saúde mantém seu foco na experiência que o consumidor tem nas interações com a empresa nos mais diversos canais. Essa é uma jornada que passa por detalhes como o sorriso no rosto do profissional da loja ou o posicionamento dos botões no aplicativo – mas que orienta os esforços das equipes para entregar sempre o melhor atendimento e experiência.

Em uma interação *omnichannel*, o NPS da loja física não pode estar desatrelado do NPS do aplicativo ou do e-commerce. Trata-se de uma relação com a marca, acima de tudo. A preocupação em entregar experiências consistentes, utilizando indicadores para medir constantemente se os resultados estão sendo alcançados, é o que coloca as marcas da RD Saúde no top 20 das mais valiosas do Brasil, segundo o ranking da Interbrands, com marcas de todos os segmentos de mercado.

Investir na satisfação do cliente reduz a necessidade de investimentos em mídia e a busca do consumidor pelo preço mais baixo – o que, por sua vez, permite que o varejo opere com margens mais saudáveis. Nesse sentido, os programas de fidelidade têm um papel importante, tanto na coleta de dados quanto nos benefícios oferecidos aos consumidores.

Ao iniciar a organização do banco de dados dos clientes, em 2014, a empresa passou a entender melhor os consumidores e definir o que entende por fidelidade: uma combinação entre frequência e volume de compras. Os melhores clientes são estudados e os dados de recência, frequência e tíquete são cruzados com informações como o NPS da loja preferida e até mesmo mudanças no trânsito local – a RD Saúde tem consciência de que a escolha de uma farmácia é, em grande parte, uma questão de conveniência.

A essência do programa de fidelidade não está na troca de pontos por prêmios: está na inteligência gerada para o negócio e na capacidade de influenciar positivamente o relacionamento com o cliente. No caso do varejo farma, o relacionamento se traduz por cuidado e pela oferta de serviços que tragam praticidade, acolhimento e conveniência no dia a dia.

A venda, nesse sentido, é consequência de um trabalho bem feito de conquista e manutenção de clientes. A loja física tem um papel essencial nessa jornada, seja como *hub* de distribuição de produtos, serviços ou experiências.

Quem é Marcilio Pousada

Marcilio D'Amico Pousada foi CEO da RD Saúde, maior empresa do varejo farmacêutico brasileiro, entre julho de 2013 e dezembro de 2024. Em 2025, passou a integrar o Conselho de Administração da companhia, no papel de chairman (presidente do Conselho). Pousada tem mais de 26 anos de experiência multissetorial de varejo em grandes organizações brasileiras e globais, incluindo Livrarias Saraiva (2005-2013) e Office Net (2000-2005), das quais foi presidente, bem como Submarino, Sam's Club (Grupo Walmart), Mappin e C&A. É formado em Administração de Empresas pela FAAP.

RDsaúde

A RD Saúde é um ecossistema de saúde integral, com mais de 3.250 farmácias em todos os estados do Brasil e negócios em saúde reunidos com o propósito de contribuir para uma sociedade mais saudável. Criada em novembro de 2011 a partir da fusão entre a Droga Raia e a Drogasil, a empresa cresceu até se tornar a maior rede de farmácias do Brasil e se expandir além do varejo, integrando soluções B2B e plataformas digitais.

Com mais de um milhão de pessoas atendidas diariamente em todo o país, a RD Saúde tem como foco construir o futuro da saúde com tecnologia e calor humano, por meio de um ecossistema de soluções baseadas em três pilares: pessoas, negócio e planeta mais saudáveis.

MARCILIO POUSADA E LOJA *HUB*

"O ponto de venda passa a ter uma relevância estratégica ampliada, pois começa a incorporar funções de atração, manutenção e engajamento de clientes."

"A farmácia, em seu novo momento, atua na saúde primária, focando na promoção da saúde, na proteção, na prevenção e no primeiro atendimento."

"A continuidade depende da digitalização dos serviços e da relação com os clientes, transformando o varejo em uma plataforma de gestão de saúde."

"Quase 19% das vendas da RD Saúde acontecem por meios digitais, utilizando as farmácias como uma parte integral da cadeia de abastecimento."

"Repensar o papel estratégico da loja física como um *hub* avançado de distribuição de produtos precisa estar no mapa estratégico de todo segmento."

"O desenvolvimento de uma plataforma digital permite à varejista aprofundar sua relação com os clientes."

"Quando a loja física traz para si outras atribuições que não estavam no DNA, processos, práticas, políticas de treinamento e remuneração precisam ser revisitados."

"A essência do programa de fidelidade não está na troca de pontos por prêmios: está na inteligência gerada para o negócio."

CAPÍTULO 5

Novo marketing

Alberto Serrentino e Eduardo Terra
em coautoria com Sergio Zimerman, CEO da Petz

Confira nestes QR Codes o episódio sobre o Novo marketing, com Sergio Zimerman, no YouTube (cortes e íntegra) e no Spotify.

YouTube íntegra

YouTube cortes

Spotify

"O modelo de gestão precisa estar conectado aos indicadores. Se você não ajustar metas, indicadores e a remuneração dos profissionais de loja e dos executivos, nada acontece."
Eduardo Terra

"O racional estratégico do Novo marketing parte do princípio de que não é a tecnologia que guia os processos, é a cultura e a visão do cliente. Mas sem tecnologia não dá para fazer."
Alberto Serrentino

"Se o consumidor entendesse o que está por detrás dos programas de fidelidade, ele aderiria facilmente. O consumidor acha que ele está pagando para nós. Na verdade, nós estamos pagando para ele."
Sergio Zimerman

A mudança nas jornadas de clientes, promovida por sua crescente maturidade digital, vem desafiando os processos de marketing em negócios de varejo. O composto de posicionamento, comunicação, precificação e alavancas promocionais precisa ser repensado a partir de dados, capacidade analítica, real entendimento das jornadas e comportamento dos clientes e capacidade de influenciar seus percursos, capturar e mensurar o valor ao longo do tempo.

O desafio da personalização em escala e do relacionamento com clientes em modelos diversificados de canais de comunicação, relacionamento e vendas torna o papel do marketing mais complexo e estratégico. O marketing de varejo vem deixando de ser voltado à comunicação e à promoção para incorporar competências associadas à construção de relacionamento e ao uso dos dados para orientar decisões de sortimento, compras, estoques, distribuição, execução de lojas e atividades promocionais segmentadas e crescentemente personalizadas.

O Novo marketing incorpora também agendas ligadas ao desenvolvimento de programas de fidelidade e à necessidade de medir, controlar e trabalhar em prol do equilíbrio entre custo de aquisição de clientes (CAC*) e valor do cliente ao longo do tempo (*Customer Lifetime Value* – CLTV, ou simplesmente LTV**). O crescimento do Novo marketing leva à reinvenção das estratégias de conexão com os consumidores, transformando as estratégias de CRM (Gestão de Relacionamento com o Cliente) do varejo e fazendo que elas tenham um papel essencial no entendimento dos clientes, na análise das jornadas de compra e na aplicação desse conhecimento em todos os processos de negócios.

Na Petz, rede líder no varejo pet brasileiro, o uso das ferramentas do Novo marketing é essencial no desenvolvimento de um ecossistema de produtos, serviços e relacionamento, formado pela venda de produtos, por serviços veterinários, de adestramento, adoção de pets e cursos. O foco é fazer com que a marca se torne um centro de atendimento às necessidades dos tutores para seus pets, de maneira ampla.

CRM e evolução do relacionamento com os clientes

A grande agenda do Novo marketing diz respeito a como dar escala à experiência que o cliente vivia na pequena loja de bairro, em que o dono conhecia seus "fregueses" pelo nome e tinha na memória as preferências e hábitos de cada um. Para que isso aconteça, é necessário ter a visão completa de jornadas de compras cada vez mais complexas e repensar o relacionamento com o cliente embarcado nessas jornadas.

---

* O Custo de Aquisição de Clientes (CAC) é uma métrica que indica o quanto um negócio investe para atrair um novo consumidor. Ela é calculada dividindo a soma dos investimentos feitos nas ações de marketing para atração de clientes (incluindo salários dos profissionais, comissões sobre vendas, treinamentos, aquisição de software, publicidade, participação em eventos e outros) pelo número de novos consumidores.

** O *Customer Lifetime Value* (CLTV) calcula o faturamento total gerado por um cliente enquanto ele continua comprando seus produtos e serviços. Ele é calculado multiplicando o tíquete médio das compras do cliente pelo número de transações por ano e pela média do tempo de retenção.

Com um negócio eminentemente omnicanal, em que mais de 40% das transações acontecem nos canais digitais e mais de 90% das transações passam por mais de um meio de contato com os clientes, a Petz convive com um ecossistema complexo, mas que apresenta possibilidades importantes de coleta de dados e conhecimento de hábitos e necessidades dos consumidores.

Para desenvolver esse ecossistema, a Petz precisou desenvolver o que internamente é chamado de VUC (Visão Única do Cliente). A empresa consolidou as interações que o cliente tem com as marcas do ecossistema Petz em um único sistema, permitindo registrar não apenas as transações, mas também reclamações, elogios e demais interações com o negócio.

O Serviço de Atendimento ao Cliente (SAC) bebe dessa mesma fonte, para que essa VUC traga consistência a todo o relacionamento com o consumidor e leve à personalização dos contatos e das ações de marketing, publicidade e promoção – de maneira automatizada. Com base no histórico de consumo e interações de cada consumidor, o programa de benefícios Clubz apresenta descontos específicos e oferta produtos que o cliente já compraria ou que tem alta propensão a adquirir.

Digitalização com o cliente no centro

A premissa para negócios em qualquer segmento de atuação é a necessidade de ter um profundo entendimento das jornadas dos clientes. A partir desse entendimento, dosa-se o uso de tecnologia para entregar eficiência, produtividade e personalização, sem abrir mão do contato humano.

A comunicação digital, nesse sentido, é absolutamente necessária, uma vez que a concorrência não se dá apenas com os pares no setor, mas com toda empresa com a qual o consumidor se relaciona e que esteja promovendo uma jornada positiva para ele. Boas experiências de troca de produtos, de atendimento a reclamações e de compra pelo aplicativo, entre outras, se tornam a régua a partir da qual todo negócio passa a ser analisado.

Esse é um tema que se conecta à Centralidade no cliente (tema abordado no Capítulo 1), uma vez que é necessário, tanto no ambiente físico quanto no digital, ter o olhar do consumidor, entender o que ele prioriza, valoriza e busca a cada visita à loja, acesso ao aplicativo, WhatsApp ou navegação no site da empresa. O desenvolvimento da Inteligência Artificial e sua aplicação no varejo exponenciam a capacidade de coletar dados, analisar informações e tomar decisões.

Na Petz, as interações com o cliente por meio do SAC são acompanhadas, em 100% dos casos, por Inteligência Artificial, o que dá à empresa a capacidade de entender, pelo tom de voz do atendente e do cliente, bem como pelo conteúdo da conversa, o grau de satisfação e de resolução dos problemas. Esse é um processo em andamento, mas existe otimismo quanto à capacidade que a tecnologia traz para aumentar a produtividade da área e encontrar melhores soluções para as demandas dos consumidores.

Embora esteja, de um modo geral, em um estágio ainda inicial, o uso de Inteligência Artificial nos negócios é uma tendência clara, um caminho que fará toda a diferença na competitividade futura do negócio. Os patamares de produtividade, eficiência e entendimento dos clientes que poderão ser atingidos tornam a IA necessária para o desenvolvimento do varejo. A redução de custos e o aumento da capacidade de entender os clientes e oferecer personalização em cada relacionamento serão fatores essenciais na evolução do setor nos próximos anos.

Personalização que gera preferência

No varejo, escala pode ser um fator importante para obter vantagens competitivas. Em um ambiente digital no qual marketplaces têm crescido em todas as categorias de consumo, a capacidade de escalar o negócio está diretamente ligada à possibilidade de coletar dados sobre os clientes, personalizar as interações para torná-las mais relevantes e, então, alcançar uma posição preferencial nos hábitos e comportamentos dos consumidores.

Uma tendência global é o desenvolvimento de ecossistemas especializados, que reforçam a proposta de valor das empresas e impulsionam a capacidade competitiva delas. A comparação dos níveis de serviço se torna constante e vai muito além do preço: toda a jornada passa a ser comparada, da facilidade de acesso ao varejista, passando pelo processo de compra, a acuracidade dos estoques, a velocidade de entrega, os processos de pagamento e a forma como a empresa lida com erros nessa jornada.

Em todo esse contexto competitivo, a capacidade de personalizar as jornadas e o relacionamento com o consumidor vem se mostrando um diferencial cada vez mais importante. Existe um fator imutável em tudo isso: embora a tecnologia evolua muito, o ser humano continua sendo o mesmo. Suas necessidades, desejos, busca por reconhecimento e acolhimento continuam sendo importantes fatores impulsionadores do relacionamento com marcas, produtos e serviços. Ser capaz de reconhecer esses fatores e promovê-los no relacionamento com os consumidores tem um importante papel no fortalecimento das empresas em um varejo competitivo em escala global.

Construir a lógica da fidelidade passa, no caso do setor pet, não apenas pela personalização e pela construção do relacionamento com a pessoa que compra o produto, mas também com o "verdadeiro consumidor", que não fala, mas se comunica muito bem: o animal de estimação. Esse foco está alinhado ao propósito da Petz, de bem-estar animal acima de tudo: existe o entendimento de que essa é uma relação delicada e que passa pelo acolhimento, mas também por uma agenda educacional, de informar o tutor do pet sobre cuidados, tratamentos e bem-estar animal.

Essa é uma agenda que favorece o varejo especializado. Na avaliação de Zimerman, quando um cliente vai a um varejista de massa e compra o que está disponível, nem sempre tem acesso às marcas que terão o impacto mais positivo sobre a saúde e o bem-estar de seu pet. Ao aprofundar o relacionamento com um especialista, o cliente passa a ter um conhecimento muito mais amplo sobre produtos e serviços que podem contribuir para o aumento da qualidade de vida de seu animal de estimação.

Assim, o Clubz, programa de fidelidade da Petz, procura trabalhar o vetor de educação do cliente dentro de uma jornada de personalização, com benefícios mais encorpados, que vão além da troca de pontos por prêmios. Em sua versão mais recente, o Clubz foi estruturado em camadas, que vão do programa gratuito a níveis pagos (*paid loyalty*). O conceito-chave vem sendo desenvolvido desde que a Amazon criou o programa Prime: um pacote de benefícios que torna mais vantajoso concentrar seus gastos naquele varejista e oferece acesso a um ecossistema que potencializa essas vantagens. Com diversas faixas de atuação, o Clubz pago oferece benefícios progressivos, adaptando-se às necessidades e ao momento dos clientes.

Dominar a jornada de cliente

Conhecer o cliente a partir dos dados de interação e consumo se torna fundamental em uma agenda de marketing estratégico. Para isso, passos estruturantes, como cadastros atualizados e enriquecidos, identificação do consumidor em todos os seus pontos de contato e em todas as transações nos diversos canais de venda, são absolutamente necessários e não podem ser negligenciados. Na Petz, mais de 80% das transações são identificadas, correspondendo a mais de 60% dos clientes.

Essa não é uma jornada que acontece rapidamente. A Petz trilha esse caminho há quase uma década, por meio do programa Vale a Pena Ser Fiel (o embrião do atual Clubz). Já em 2008, o uso do cashback como uma alavanca promocional para estimular o cliente a retornar no mês seguinte para uma nova compra foi incorporado – muito antes que essa política se tornasse relevante no varejo brasileiro.

O que está por trás de práticas como o cashback é estimular a recorrência do consumidor, para que ele mantenha o relacionamento aquecido e tenha seus hábitos, preferências e padrões de consumo identificados pela varejista. Dessa forma, a Petz consegue obter uma visão sistêmica do cliente, enxergando não apenas as jornadas no ambiente digital, mas também nas lojas físicas e jornadas híbridas, que transitam por múltiplos canais.

Gestão baseada em indicadores

Para obter uma visão integrada dos clientes, com uma Visão Única de Cliente que permita fortalecer a proposta de valor da marca, a Petz tem um desafio extra: esse é um varejo de alta frequência e recorrência, um universo em que clientes são ganhos e perdidos todos os dias. A agenda de atrair, manter e fidelizar clientes se torna ainda mais importante nesse contexto.

O uso de indicadores de gestão que se concentrem na otimização do valor do cliente ao longo do tempo se torna, nesse caso, essencial. Falamos aqui, inicialmente, de dois indicadores-chave de desempenho (*Key Performance Indicators* – KPIs): o CAC e o LTV. A Petz, para melhorar seus resultados nesses dois indicadores, aprofundou sua estratégia omnicanal para entregar pedidos on-line a partir das lojas físicas mais próximas – o que diminui o tempo de entrega, aumenta a satisfação dos clientes e evita a perda de público para concorrentes diretos ou indiretos.

Para que esses dois indicadores fossem otimizados, foi preciso ir além, uma vez que diversos fatores influenciam na aquisição e retenção dos clientes. A Petz desenvolveu tecnologia própria, que define qual é a loja física que atenderá cada pedido feito via internet ou aplicativo, de acordo com uma série de fatores que inclui o tempo médio de separação de produtos nas lojas, a posição de estoque de cada ponto de venda, o tempo de transporte e a projeção de vendas para os próximos dias (visando evitar que a loja fique desabastecida).

A melhoria desses aspectos é estimulada pela remuneração das equipes: os pedidos expedidos pelas lojas são contabilizados como venda daquela unidade, o que se reflete no bônus dos profissionais. Isso faz com que a gestão alinhe o interesse dos clientes por uma entrega rápida e eficiente com o interesse financeiro dos colaboradores, estimulando uma cultura centrada no consumidor e em sua experiência, independentemente do canal de finalização da compra.

A lição trazida pela Petz é que não basta investir em mídia digital ou implementar capacidades omnicanal: os indicadores precisam ser calibrados. Alinhar metas, indicadores, remuneração das equipes e execução dos processos operacionais nos pontos de venda é essencial para desenvolver uma operação eficiente, escalável e rentável, que se baseia nos dados dos consumidores para otimizar continuamente o negócio.

Quem é Sergio Zimerman

Sergio Zimerman é fundador e CEO da Petz, varejista líder no setor de pet shops no Brasil. Fundada em 2002, a Petz cresceu significativamente sob a liderança de Zimerman, abrindo mais de 250 lojas e se tornando a principal rede de serviços veterinários do país. Zimerman é "Shark" no programa Shark Tank Brasil, do Sony Channel, é membro do conselho do Instituto para Desenvolvimento do Varejo (IDV) e já foi reconhecido como um dos CEOs mais admirados pelo mercado.

Petz

A Petz se define como uma plataforma de soluções para pets com uma estratégia omnichannel completa, que integra produtos e serviços em canais físicos e digitais. Fundada em 17 de agosto de 2002 como Pet Center Marginal, em São Paulo, desenvolveu uma rede de lojas com 262 unidades em 23 estados brasileiros, mais o Distrito Federal, como parte de um ecossistema que inclui marcas como Cansei de Ser Gato, Cão Cidadão, Centro Veterinário Seres e Zee.Dog.

Com mais de 7.000 funcionários e um faturamento de R$ 4,1 bilhões, a empresa tem como sócio, desde 2013, o fundo de private equity *Warburg Pincus. Em 2020, abriu seu capital na B3.*

SERGIO ZIMERMAN E NOVO MARKETING

"O marketing de varejo passa a incorporar competências associadas à construção de relacionamento e ao uso dos dados."

"Na Petz, o uso das ferramentas do Novo marketing é essencial no desenvolvimento de um ecossistema de produtos, serviços e relacionamento."

"A empresa consolidou as interações com o cliente em um único sistema, permitindo registrar transações, reclamações, elogios e demais contatos com o negócio."

"O uso de Inteligência Artificial nos negócios é uma tendência clara, um caminho que fará toda a diferença na competitividade futura do negócio."

"Construir fidelidade passa não apenas pela personalização e relacionamento com quem compra o produto, mas também com o 'verdadeiro consumidor': o animal de estimação."

"Conhecer o cliente a partir dos dados de interação e consumo se torna fundamental em uma agenda de marketing estratégico."

"A Petz consegue obter uma visão sistêmica do cliente, enxergando não apenas as jornadas no ambiente digital, mas também nas lojas físicas e jornadas híbridas."

"A lição trazida pela Petz é que não basta investir em mídia digital ou implementar capacidades omnicanal: os indicadores precisam ser calibrados."

CAPÍTULO 6

Varejo tech

Alberto Serrentino e Eduardo Terra
em coautoria com Fred Trajano, CEO do Magazine Luiza

Confira nestes QR Codes o episódio sobre Varejo tech, com Fred Trajano, no YouTube (cortes e íntegra) e no Spotify.

YouTube íntegra

YouTube cortes

Spotify

"Os assistentes pessoais de IA tendem a ser o canal central de relacionamento com o cliente no futuro."
Eduardo Terra

"Tecnologia não é mais um elemento secundário no negócio de varejo. Não é acessório, é elemento central e estratégico."
Alberto Serrentino

"Pegamos a tecnologia que estava lá no fundo do quintal e colocamos na principal sala de casa."
Fred Trajano

Os aspectos relacionados ao uso de tecnologia no varejo deixaram, nos últimos anos, de ser elementos secundários na estratégia das empresas do setor para assumir um papel protagonista. Ao longo da última década – e particularmente a partir da pandemia –, a crescente maturidade digital dos consumidores e a aceleração digital dos negócios fizeram com que decisões relacionadas a arquitetura, incorporação e orquestração de sistemas e aplicações de tecnologia saíssem do campo tático e operacional para se tornarem estratégicas para empresas de varejo.

Uma vez que a tecnologia deixa de ser acessória ao negócio de varejo para se tornar elemento central, ela assume um papel estratégico. Isso também traz impacto organizacional, já que seu status deixa de ser relegado à área de apoio funcional e passa a ser parte da agenda dos CEOs e dos conselhos de administração. Boas e más decisões relacionadas a arquitetura, infraestrutura e aplicações tecnológicas passam a ter um impacto decisivo na competitividade dos negócios.

Essa é uma agenda que entrou em evidência com a pandemia e diante da necessidade de acelerar a digitalização dos negócios. A partir do final de 2023, com o avanço da

Inteligência Artificial Generativa, ganhou senso de urgência. Sem dúvida, a evolução da Inteligência Artificial é um elemento de transformação sistêmica para todos os negócios e precisa ser tratada de maneira estratégica – porém ela vem a reboque de uma série de decisões relacionadas à transformação digital, que passam não apenas pela tecnologia, mas também, especialmente, pela cultura. Esse é um tema abordado no livro *Varejo, transformação digital e pandemia*.

A transformação digital do varejo e o papel estratégico da tecnologia na evolução futura do setor fazem com que as empresas e seus líderes precisem adotar nova postura em relação ao tema. Mais do que incorporar tecnologia, o varejo passa a ter a tecnologia como algo disseminado e embarcado em processos, o que leva o setor a uma crescente intensidade tecnológica. Ou seja, o que chamamos de Varejo tech. Nesse cenário, processos de negócio avançam integrados à tecnologia, à digitalização e à automação, permitindo ganhos de produtividade, centralidade em clientes e avanço na agenda de personalização em escala.

No mercado brasileiro, o Magazine Luiza é uma empresa que simboliza essa jornada de varejista tradicional para o Varejo tech. Com mais de 1.200 pontos de venda físicos, a empresa migrou seu negócio de uma companhia especializada em eletroeletrônicos e móveis para um ecossistema de negócios, baseado em plataformas de varejo, marketplace, fintech, logística e serviços de computação em nuvem e ancorado em tecnologia proprietária. Uma transformação que se tornou case na Harvard Business School.

Essa jornada de transformação começou a partir do ano 2000, com a visão de que digital e físico deveriam atuar de maneira integrada, contrariando a percepção daquela época. No primeiro ciclo de transformação, o Magazine Luiza tinha cerca de 20% de seu faturamento proveniente dos canais on-line. Atualmente, essa proporção é de mais de 70%, sobre uma receita que foi multiplicada em mais de seis vezes desde então.

O Magalu se define como uma empresa digital com lojas físicas. Lojas físicas que dão suporte às vendas on-line e funcionam como *hub* logístico e de distribuição. Nessa jornada, a construção de um dos maiores marketplaces do mercado brasileiro, a aquisição de dezenas de empresas para elaborar um ecossistema de negócios sinérgico e complementar, e o desenvolvimento intensivo de tecnologia para trazer agilidade à operação tornaram o Magalu, efetivamente, um exemplo de Varejo tech.

Tecnologia como pilar estratégico

A transformação digital é, necessariamente, um processo que acontece em empresas nascidas no mundo físico, que possuem um legado de cultura, processos, sistemas e modelos organizacionais que precisa evoluir para lidar com os desafios trazidos pela digitalização dos negócios e dos clientes. No Magalu, a agenda de transformação digital não foi um processo de ruptura com o passado – e, sim, a busca por utilizar o melhor do legado existente e prepará-lo para o futuro.

Dessa forma, o legado do Magalu não foi considerado um problema ou um passivo, e, sim, um ativo e diferencial estratégico do negócio. Durante o ciclo estratégico de transformação digital da companhia, entre 2016 e 2020, a empresa colocou a tecnologia como protagonista do negócio, a partir do entendimento de que nenhum negócio consegue prosperar sem ter uma área de tecnologia forte. Nesse processo, medidas simbolicamente importantes, como a construção de uma espécie de *campus* na Zona Norte de São Paulo que reúne todas as áreas do negócio em um local com uma personalidade de start-up, o aumento da importância estratégica dos executivos ligados à área e a contratação de milhares de profissionais de TI, mostraram claramente esse protagonismo da tecnologia no Magalu.

Em 2020, ao completar esse ciclo estratégico inspirado nos modelos de negócios do Vale do Silício, a empresa já se aproximava de 50% de participação on-line. Para o ciclo seguinte (que se encerra em 2025), a inspiração foram os ecossistemas chineses, que constroem uma série de negócios centrados no cliente e que reúnem diversas operações sinérgicas, além de plataformas que envolvem logística, serviços financeiros, marketing, conteúdo e *Retail media*.

Para uma varejista nascida no setor de eletroeletrônicos, o modelo de ecossistema de negócio cumpre um importante papel de diversificação de receitas, tornando a empresa menos dependente dos ciclos econômicos ao permitir que ela tome parte em mais momentos de compra dos consumidores. O ciclo 2021/2025 vem sendo de criação do ecossistema digital, para o qual mais de 20 empresas foram adquiridas em diferentes segmentos (Netshoes, Zattini, Época Cosméticos, Kabum!, AiqFome e muitas outras).

O resultado é que, em 2024, metade das vendas on-line do Magalu foram provenientes de fora das categorias tradicionais da empresa (bens duráveis) e um terço do volume de mercadorias vendidas (GMV) vem de parceiros no marketplace. Assim como a pandemia foi um acelerador do ciclo de transformação digital dos negócios, os resultados obtidos no atual ciclo de juros altos são vistos no Magalu como a comprovação de que o processo de criação de um ecossistema digital está sendo bem-sucedido.

Arquitetura em microsserviços

O processo de transformação digital de negócios de varejo e elevação de tecnologia a componente central dos negócios pressupõe a adequação da arquitetura de sistemas. Os tradicionais sistemas "monolitos" (com várias funcionalidades integradas), com diversos sistemas legados e arquiteturas complexas, tornam muito difícil a aceleração nos processos de experimentação, evolução e inovação.

Para que empresas de varejo possam ter a mesma agilidade e capacidade de extrair valor dos dados e avançar em automação de processos, é importante que a arquitetura seja gradualmente "componentizada" em microsserviços em nuvem, transformando grandes sistemas com muitas funções em componentes interligados, integrados a bases de dados unificadas e centralizadas. Com isso, pode haver descentralização, experimentação, melhoria contínua e mais agilidade em testes e incorporação de tecnologia, acelerando os processos de inovação e orientando os times de tecnologia a uma gestão baseada em produtos, com evolução contínua.

A transformação do Magazine Luiza, de uma empresa de varejo para um ecossistema digital, demandou a revisão de sua arquitetura tecnológica. Em vez de utilizar a abordagem tradicional de adaptar os processos de negócios aos sistemas, o Magazine Luiza desenvolveu internamente uma ampla "componentização" das soluções necessárias para o negócio. Isso foi implantado por uma estrutura interna de desenvolvimento de sistemas.

Dessa maneira, foi construída, ao longo de anos, uma arquitetura baseada em microsserviços, que substituiu gradualmente o sistema monolítico até então utilizado. Cada serviço foi sendo retirado da arquitetura antiga e passado para a nova, de maneira que, escritos em linguagem Web para consumir menos recursos, pudessem se integrar a outras soluções, utilizassem recursos de nuvem (*cloud com-*

puting) e dessem mais velocidade ao desenvolvimento de soluções necessárias para o negócio.

A jornada do Magalu vem sendo percorrida ao longo de anos, com uma visão estratégica claramente estabelecida e baseada no princípio de que o sucesso no Varejo tech passa, necessariamente, por uma agenda de evolução em tecnologia alinhada aos objetivos estratégicos do negócio. No ano 2000, quando a empresa iniciou sua jornada de e-commerce, não havia nenhum grande fornecedor de tecnologia com uma plataforma pronta para ser usada – tudo era desenvolvido internamente.

Na época (e em muitas empresas até hoje), a cultura predominante é de comprar tecnologia de terceiros e implementar – o que transforma a área de TI em um centro operacional e de custos, não em um facilitador da evolução do negócio. O desenvolvimento de sistemas monolíticos, pouco flexíveis, vem a reboque dessa mentalidade – e nos tempos pioneiros do e-commerce, mesmo os sistemas criados internamente eram feitos dessa maneira.

Para que a empresa pudesse ser protagonista no e-commerce, seria necessário ter uma equipe de tecnologia protagonista. Era preciso competir por talentos com empresas de TI – e o próprio local de trabalho precisaria parecer mais com um *campus* do Vale do Silício do que com o depósito nos fundos de uma loja física.

O primeiro projeto do Magalu com essa mentalidade de start-up aconteceu ainda no Orkut: a primeira versão de *social commerce* oferecendo produtos da varejista em lojas criadas por consumidores, em um sistema de afiliados. Já usando a API* do Orkut e o conceito de microsserviços. Um embrião, com apenas seis desenvolvedores, do que se tornaria o LuizaLabs e hoje é uma parte fundamental da estratégia de negócios da varejista.

Uma demonstração do papel central da tecnologia no desenvolvimento do Magalu é a expansão do LuizaLabs, a área de inovação tecnológica da empresa que, mais tarde, se tornou a responsável por todas as iniciativas e gestão de TI da companhia.

* *Application Programming Interface* (API), ou Interface de Programação de Aplicações), consiste em mecanismos que permitem que dois componentes de software se comuniquem utilizando um conjunto de definições e protocolos. O uso de API permite que sistemas sejam construídos de modo flexível, uma vez que as interações entre diferentes plataformas são regidas por regras definidas e públicas.

A partir de 2016, houve aceleração na evolução do Magalu rumo a microsserviços e nuvem pública, uma combinação que torna a empresa mais flexível, ágil e preparada para lidar com os desafios de integrar múltiplas jornadas de compra em ambientes físicos e digitais. Esse foi um processo gradual, serviço a serviço, até que toda a arquitetura tecnológica "componentizada" estivesse implementada – sem impactar o crescimento da operação de e-commerce e do marketplace da empresa, que continuaram a evoluir.

Com o desenvolvimento de soluções em nuvem, viabilizou-se a disseminação de métodos ágeis para desenvolvimento de software. Os microsserviços foram adotados como estrutura essencial no desenvolvimento interno do Magalu, o que empoderou as equipes de tecnologia para não depender tanto de decisões centralizadas.

Essa é uma agenda que, como vimos no Capítulo 2 – Cultura e organização, vai além dos aspectos técnicos. A transformação digital dos negócios é uma mudança cultural e organizacional, que altera gradualmente o eixo da empresa, de produtos e operações para clientes e dados, multiplicando as frentes de inovação.

Omnicanalidade e experiência do cliente

Com um faturamento de R$ 65 bilhões em 2024, o Magalu tem 71% de suas vendas provenientes de meios digitais (e-commerce e marketplace), o que não significa que as lojas físicas tenham perdido importância na estratégia da empresa nos últimos anos. Bem pelo contrário: as lojas são importantes estrategicamente tanto para as vendas digitais próprias (1P) quanto para a comercialização de itens de terceiros no marketplace (3P).

Na visão do Magalu, a omnicanalidade é maior que a soma dos meios digitais e físicos. Com 35 milhões de clientes ativos, a empresa aposta em sua rede de lojas já consolidada para compensar as deficiências em infraestrutura logística do país. Nesse sentido, como será explorado mais profundamente no Capítulo 7 – Canais digitais e omnicanalidade, a loja física se torna um componente essencial de uma cadeia de suprimentos hiperlocal, em que os estoques dos pontos de venda são utilizados para as vendas do e-commerce que serão entregues nas proximidades.

Seja pelo envio de produtos a partir das lojas ou pela retirada de produtos pelos clientes nos pontos de venda, quase metade dos produtos vendidos no 1P pelo Magalu passa por uma logística omnicanal. É uma solução muito popular, tanto pela não cobrança de frete nas retiradas em loja quanto pela redução do valor de entrega nessa logística de última milha. A entrega não é uma questão simples no e-commerce – e o Magalu encontrou um diferencial que valoriza o papel das lojas.

Além de valorizar o ponto de venda como um *hub* de distribuição, a varejista cuidou de valorizar seus colaboradores em um processo de venda que se torna omnicanal. Ao digitalizar seus processos e viabilizar que os vendedores atuem como influenciadores digitais em suas localidades, as lojas físicas foram empoderadas como um espaço de inovação e relacionamento próximo com os consumidores. Essa iniciativa é o MagaLocal, no qual cada loja desenvolve conteúdo para engajar seus clientes em canais de mídia digital. No entendimento do Magalu, as lojas físicas são um ativo essencial para trazer competitividade à rede na disputa com marketplaces 100% digitais, como Mercado Livre, Amazon e os operadores asiáticos.

O pós-venda também participa dessa equação de competitividade do negócio, uma vez que, se o cliente tiver algum problema com o produto adquirido on-line, ele pode realizar a devolução na loja física, reduzindo custos de logística reversa, trazendo conveniência aos consumidores e abrindo a possibilidade de transformar um problema com o produto em uma oportunidade de reforçar o relacionamento com o cliente.

A experiência da empresa em fazer sua transformação digital e desenvolver uma operação omnicanal é um ativo importante para atender 300 mil *sellers* dentro de sua plataforma 3P – um universo que ainda é uma parcela modesta dos cerca de 7 milhões de CNPJs de varejo existentes no Brasil, dos quais aproximadamente 1 milhão já vendem on-line. Após desenvolver soluções para atender inicialmente sua própria demanda, o Magalu expandiu, a partir da pandemia, esse conhecimento para micro e pequenas empresas, além de microempreendedores individuais (MEIs), efetivamente democratizando a digitalização dos negócios.

Por meio do programa Parceiro Magalu, os empreendedores podem digitalizar seus estoques, subir o catálogo para a plataforma da empresa e vender no app do Magalu, além de realizar transações via WhatsApp. Uma ação que tem um resultado econômico importante e um aspecto social relevante, alinhado ao propósito da marca de oferecer acesso a muitos ao que é privilégio de poucos.

Esse conceito vem sendo ampliado nos últimos anos com a inclusão de serviços como a Magalu Cloud, a plataforma de computação em nuvem da empresa. Seguindo a trilha dos ecossistemas chineses, a empresa vem ampliando sua atuação para se tornar um parceiro das micro e pequenas empresas e oferecer oportunidades adicionais de expansão de negócios.

Aquisições e parcerias estratégicas

Um aspecto importante da formação do ecossistema Magalu foi a realização de aquisições estratégicas, que trouxeram diversificação de categorias, um movimento que permite à empresa se fazer presente em mais jornadas e ocasiões de consumo dos clientes. Com empresas como Netshoes, Kabum!, Zattini, Época Cosméticos, Estante Virtual e AiqFome, a companhia passou a atuar em artigos esportivos, produtos para *gamers*, calçados, perfumaria e cosméticos, livros e no delivery de alimentos.

Esse movimento estratégico está alinhado ao desenho dos ecossistemas chineses, com modelos de negócios abertos e colaborativos que envolvem aquisições estratégicas, investimentos, parcerias e a criação de uma camada de serviços próprios e de terceiros que permite impulsionar o crescimento sem necessariamente atuar com ativos internos.

A inspiração no modelo chinês levou o Magalu, em 2024, a desenvolver uma parceria estratégica com o AliExpress, a plataforma de vendas internacionais (*cross border*) do Alibaba. Dentro de uma visão de complementar as atuações das duas empresas no mercado brasileiro, o Magalu diversificou sua oferta de produtos de tíquete inferior a R$ 100 – um mercado dominado pelos marketplaces asiáticos, como Shopee, Temu e o próprio AliExpress. Isso foi feito incorporando ao marketplace do Magalu *sellers* chineses do AliExpress, que passaram a atuar como *sellers* do Magalu, ampliando o sortimento disponível.

Da mesma forma, o AliExpress passa a ter o Magalu como *seller* em sua plataforma, ampliando categorias de maior valor, que não tinham presença em seu catálogo. A parceria também envolve oportunidades em logística, inclusive aproveitando a omnicanalidade e a estrutura de lojas físicas do Magalu para dar velocidade de entrega e reduzir seus custos operacionais.

A agenda de Inteligência Artificial

Um tópico obrigatório na evolução do varejo é a adoção de Inteligência Artificial (IA) – e o Magalu, como um expoente do Varejo tech, ocupa uma posição de liderança nessa agenda. Esse é um tema estratégico e um elemento talvez sem precedentes na transformação do ambiente de negócios.

Nesse tema, a experiência do Magalu precede a disseminação da IA Generativa. Já na década passada, a empresa experimentava o uso de Inteligência Artificial com a plataforma Watson, da IBM. A Lu, influenciadora digital da marca, tem como um de seus pilares a assistência aos clientes ao longo do processo de compra – e estava claro que o uso de IA poderia trazer grandes benefícios.

Esse potencial só foi destravado, porém, com a IA Generativa, que ganhou destaque desde o fim de 2022 com o lançamento do ChatGPT e, ao mesmo tempo, reduziu custos e aumentou o poder de uso da Inteligência Artificial – especialmente em situações de diálogo com os consumidores.

Com quase 40 milhões de seguidores nas redes sociais e contato direto via WhatsApp com todos os clientes que compram no Magalu, a Lu se beneficia diretamente de um cenário de ampliação do poder dos modelos de linguagem natural (LLMs)*, pois pode apresentar informações para os clientes em uma jornada "conversacional". Atualmente, a IA Generativa é usada sobretudo para status de pedido e ações de pós-venda, mas no desenho estratégico para os próximos anos a empresa acredita que a Lu poderá vir a ser seu principal canal de vendas, superando apps, e-commerce e marketplace.

Essa é uma aplicação disruptiva para uma tecnologia que vem sendo crescentemente aplicada em uma agenda de aumento de produtividade, em especial nas atividades de relacionamento com o cliente, como os *call centers*. A possibilidade de realizar compras a partir da assistência dada por um agente de IA, representado pela Lu, aponta um caminho importante para mudança de jornada e experiência dos clientes. Nessa visão, as jornadas de compra passarão cada vez menos

* *Large Language Models* (LLMs), ou Modelos de Linguagem Ampla, são modelos de Inteligência Artificial que podem compreender e gerar textos em linguagem humana. Treinados em enormes conjuntos de dados, os LLMs conseguem reconhecer e interpretar a linguagem humana ou outros tipos de dados complexos, a partir de dados coletados na internet ou informações proprietárias das empresas.

por buscas de produtos ou por navegação em sites de e-commerce – elas serão percorridas a partir de agentes de IA que filtram as informações e reduzem o ciclo de compra, em um processo mais assertivo, baseado em diálogo, o que é definido como "comércio conversacional" (*conversational commerce*).

Do ponto de vista estrutural, o Magalu realizou uma mudança importante, tanto de uma perspectiva prática quanto simbólica: a criação de uma diretoria de IA, implantada em agosto de 2024. Ela vai além da ideia de uma Diretoria de Dados (em si já um cargo pouco usual em uma estrutura de varejo) para incorporar a orquestração das plataformas, a arquitetura e a configuração dos dados.

Essa área, além de ter um valor importante do ponto de vista cultural, tem o papel de absorver todas as agendas de Inteligência Artificial da empresa – especialmente o chamado Cérebro da Lu: a evolução da influenciadora digital para se tornar o centro do relacionamento da marca com os consumidores. Mas a agenda de IA é bem mais ampla, com ações voltadas ao aumento da produtividade interna. Hoje com mais de mil pessoas utilizando ferramentas para criar e-mails, realizar atas de reuniões e diversas outras aplicações, a agenda de IA evolui para times dedicados à precificação de produtos, melhorias das informações de catálogo e fotos de produto, além da criação de vídeos on-line com recursos de personalização.

Com cerca de 100 milhões de anúncios rodando em seu marketplace, o uso de Inteligência Artificial se torna obrigatório para trazer eficiência nas ações de marketing. E a agenda de IA será cada vez mais presente no dia a dia de toda a empresa, tornando-se o elemento tecnológico fundamental da transformação dos negócios em Varejo tech.

Referências

TERRA, Eduardo. *Varejo, transformação digital e pandemia*: um panorama das mudanças estratégicas do setor e do que o futuro digital nos trará. São Paulo: Literare Books, 2022. 168 p. ISBN 9786559224470.

TEIXEIRA, T.; GUISSONI, L. *et al. Digital Transformation at Brazilian Retailer Magazine Luiza*. Harvard Business Review, Ago. 2018. Disponível em: https://store.hbr.org/product/digital-transformation-at-brazilian-retailermagazine-luiza/519009. Acesso em: 14 mar. 2025.

Quem é Fred Trajano

Fred Trajano é o CEO do Magazine Luiza, um dos maiores varejistas da América Latina e a maior plataforma de varejo digital nascida no Brasil. Sob sua direção, o Magalu conta com 1.245 lojas físicas, centenas de hubs de distribuição e logística e mais de 37 mil colaboradores. Ele foi o líder do que é considerada uma das maiores transformações digitais da economia brasileira, tendo migrado o negócio de uma varejista de eletroeletrônicos e móveis para um marketplace omnicanal com mais de 200 mil sellers em todo o país.

Fred ingressou no Magalu no ano 2000, depois de atuar no setor financeiro, comandou as operações de tecnologia e omnicanalidade e, em 2016, se tornou CEO. Desde então, recebeu diversos prêmios nacionais e internacionais por sua liderança e contribuições para a sociedade brasileira, incluindo Homem do Ano (GQ Magazine) e Empreendedor do Ano (Valor Econômico).

Magalu

Nascido na década de 1950 em Franca (SP), o Magazine Luiza cresceu como uma empresa orientada por ciclos de desenvolvimento com começo, meio e fim, que podem ser contados por meio de narrativas claras. Esse movimento começou na gestão de Luiza Helena Trajano como CEO, pautou a atuação de Marcelo Silva na liderança da empresa e, desde 2016, marca a gestão de Fred Trajano.

Desde 2019, a empresa se posiciona como uma plataforma digital de varejo, um ecossistema que contribui para que milhares de empreendedores e empresas dos mais variados tamanhos ingressem no universo digital. Esse ciclo de negócios se baseia em cinco pilares (novas categorias, superapp, entrega mais rápida, Magalu as a Service e fintech) e se desenvolve em torno de dezenas de empresas que fazem parte do ecossistema, como Netshoes, Zattini, Época Cosméticos, Estante Virtual, Kabum!, Luizacred e Consórcio Magalu.

O Magalu fechou o ano de 2024 com 1.245 lojas e um faturamento de R$ 65 bilhões, um crescimento de 4% em relação a 2023. As vendas on-line representaram R$ 46 bilhões desse total (71%).

FRED TRAJANO E VAREJO TECH

"Mais do que incorporar tecnologia aos processos, as empresas mais avançadas nessa agenda têm se tornado Varejo tech."

"O sucesso no Varejo tech passa, necessariamente, por uma agenda tecnológica sofisticada."

"As lojas físicas são importantes estrategicamente tanto para as vendas digitais próprias quanto para a venda no marketplace."

"As lojas físicas foram empoderadas como um espaço de inovação e relacionamento próximo com os consumidores."

"Com o uso de IA, a assistente digital Lu poderá vir a ser o principal canal de vendas."

"A agenda de IA será cada vez mais presente no dia a dia, tornando-se o elemento tecnológico fundamental da transformação dos negócios em Varejo tech."

CAPÍTULO 7

Canais digitais e omnicanalidade

Alberto Serrentino e Eduardo Terra
em coautoria com Paulo Correa, CEO da C&A Brasil

Confira nestes QR Codes o episódio sobre Canais digitais e omnicanalidade, com Paulo Correa, no YouTube (cortes e íntegra) e no Spotify.

YouTube íntegra

YouTube cortes

Spotify

"O desafio hoje é mais do que diversificação de canais: é sua integração em jornadas sem atrito para o cliente."
Alberto Serrentino

"O cliente não está interessado em qual é o canal. Ele tem uma necessidade, uma dor, uma ambição ou um sonho. E como ele consegue alcançar esse sonho? Como encontra aquilo que está procurando?"
Paulo Correa

"Temos visto a força do varejo que combina bem os ativos físicos com os ativos digitais, que é uma visão muito mais de bastidores do que relacionada ao cliente. Para o cliente, o que vale é comprar em uma jornada que ele queira."
Eduardo Terra

O varejo é um setor que precisa se reinventar constantemente – e poucas empresas conhecem essa verdade tanto quanto a C&A. A empresa de origem holandesa, criada em 1841 e presente no Brasil desde 1976, já viveu todo tipo de transformação no comportamento dos consumidores, nos processos fabris e de vendas e ao longo da cadeia de suprimentos. E continua se reinventando.

Desde 2019 com capital aberto na B3, a C&A Brasil vem passando nos últimos anos por um profundo processo de transformação, que não apenas tem levado a companhia a crescer e se tornar mais lucrativa nos últimos 13 trimestres consecutivos, mas tem, especialmente, desenvolvido uma capacidade de se conectar com os clientes por múltiplos pontos de contato e construir histórias cada vez mais interessantes e relevantes para a sua base de clientes.

Com 330 lojas e mais de 15 mil colaboradores, a C&A Brasil é uma marca que se mantém jovem e tem tido, ao longo da história, uma participação fundamental no varejo de moda, moldando o mercado e formando os profissionais especializados no setor. Mais do que contar a história da marca, para este capítulo convidamos Paulo Correa, CEO da C&A Brasil, para mostrar como a empresa tem empreendido um forte trabalho de digitalização de suas vendas e de omnicanalidade para continuar a ser relevante para a próxima geração de consumidores.

Esse é um trabalho que passa por algumas avenidas importantes de crescimento. A primeira delas são os produtos: entender o público-alvo e suas preferências para identificar quais são as categorias nas quais existe a oportunidade de ampliar o sortimento, o espaço em loja e no digital, e com isso construir uma proposta de valor mais interessante. O segundo aspecto é o uso intensivo de tecnologia, com base em dados dos clientes, para personalizar o relacionamento, conectando a ciência com a dinâmica comportamental do público.

Este capítulo explora essa intersecção entre arte e ciência, entre digitalização, omnicanalidade e a identificação dos comportamentos dos consumidores.

Múltiplas jornadas em canais integrados

A diversificação e ampliação de canais e pontos de contato do varejo com os consumidores, processo acelerado após a pandemia, vem tornando o entendimento de jornadas de clientes mais complexo. Os consumidores estão mais maduros digitalmente e percorrem suas jornadas de compra transitando entre canais e plataformas digitais.

Na perspectiva do cliente, não há percepção de canais, mas de ferramentas disponíveis para se informarem, compararem, experimentarem e decidirem. Por isso, o varejo precisa migrar de visão e gestão de canais para uma visão e gestão de jornadas, integrando plataformas, dados e ampliando a capacidade de interação com clientes.

A captura, o armazenamento centralizado, o processamento, a atualização e a facilidade de acesso de dados para análise e tomada de decisões passam a ser essenciais em um relacionamento que busca entregar histórias relevantes para os clientes, da maneira mais personalizada possível.

Na C&A, toda essa equação vem sendo traduzida em seu novo posicionamento: "um lugar em que as pessoas se encontram". Às vezes, encontram amigos e conhecidos, mas com frequência encontram os produtos que procuram e que refletem sua personalidade e estilo de vida. A celebração de encontros (consigo mesmo ou com amigos) é o mote do "a gente se encontra na C&A" que se faz presente nas campanhas de publicidade e ultrapassa as fronteiras de mídia para se tornar parte das conversas nas redes sociais.

Esse posicionamento reflete sua obsessão pelo comportamento, por interesses e preferências de cada cliente, ao mesmo tempo que procura entregar moda para cada pessoa do jeito que ela queira, e que valorize e simplifique sua vida.

Os Canais digitais e omnicanalidade são questões-chave na tangibilização e consolidação desse posicionamento. Não basta desenvolver diversos pontos de contato com os clientes: é preciso integrá-los em jornadas sem atrito, para que a relação do consumidor se dê com a marca e não com o canal.

Nos últimos cinco anos, o varejo brasileiro e mundial tem vivenciado um salto na sua digitalização – um movimento impulsionado pela maturidade digital dos consumidores. O que começou na pandemia como uma agenda de sobrevivência, realizada de maneira muitas vezes desestruturada por não ter sido precedida de fundamentos importantes, se colocou como uma necessidade estratégica para o crescimento de longo prazo – e com isso passou a fazer parte da estrutura dos negócios e dos planos de investimentos.

O resultado é o aumento da capacidade de conhecer o cliente a partir dos dados, de uma forma escalável e que possa viabilizar a personalização em escala. A Inteligência Artificial potencializa esse movimento e permite romper com o paradigma tradicional do pensamento linear de canais de compra. Nesse paradigma, um olhar segmentado por canais (loja física, e-commerce, aplicativo, WhatsApp, *social commerce*) levou as empresas a enfatizar a gestão e o controle de resultados por canal, o que gera distorções e não tem conexão com a realidade dos clientes e suas jornadas.

O fato é que o consumidor não se importa com "canais de compra" – falar em canal é parte do vocabulário do varejo, não do cliente. O cliente tem uma necessidade, dor, ambição ou sonho, e o papel do varejo é viabilizar que esse sonho seja alcançado, com a melhor experiência possível.

Durante a pandemia, a grande mudança veio do fato de que o mundo físico estava fechado, mas o digital continuava disponível. As necessidades, dores, ambições e sonhos continuavam presentes – e varejistas atentos encontraram maneiras de oferecer respostas para os clientes. O famoso passeio no shopping aos finais de semana migrou para sites e marketplaces, que também se tornaram lugares para obter informações sobre produtos.

Se não é mais preciso ir às lojas e a informação chega ao cliente pelo digital, a qualquer horário, a partir de smartphones e redes sociais, a dinâmica de consumo muda. Especialmente no setor de moda, em que a roupa que a celebridade ou a influenciadora está usando pode, rapidamente, se tornar objeto de desejo. O volume de informação disponível aumentou exponencialmente e as origens das informações se multiplicaram.

Uma demonstração da mudança de comportamento dos consumidores é a frequência com que as pessoas chegam à loja física e mostram para o time de vendas uma foto em seu celular. No início, era a blusa que estava disponível no site da loja – hoje, é a blusa que foi vista na rede social ou mesmo fotografada na rua.

Nessa mudança, quem dita qual é a jornada de compra é o cliente. O varejo precisa ser flexível e ágil para entregar a informação e disponibilizar o produto desejado, qualquer que seja a forma como o consumidor solicita aquele item.

Os meios digitais são uma parte essencial nas jornadas de descoberta, informação e compras dos consumidores – na C&A, assim como em grande parte do varejo brasileiro, a maioria das transações é iniciada nos meios digitais, ainda que seja completada ou processada na loja física. A métrica tradicional de "percentual de vendas on-line" conta apenas uma parte da história: o fato de que cerca de 14% das vendas totais do varejo brasileiro sejam digitais não significa que os outros 86% sejam analógicos. Não é incomum que a jornada de compra seja quase toda realizada no digital, mas termine na loja física.

Por isso, é necessário deixar de olhar o lugar onde o cupom fiscal é emitido para entender o processo pelo qual o cliente chegou à decisão de compra. Essa visão de jornada, desvinculada do processamento da venda, reforça a visão omnicanal, pois leva à integração dos ativos físicos com os digitais.

No Capítulo 4, em que falamos sobre Loja *hub*, mostramos que o ponto de venda físico, em uma jornada de compra integrada, se torna uma parte ainda mais relevante do processo de atendimento e satisfação dos clientes. A C&A incorpora esse conceito do ponto de vista logístico, em que as lojas são utilizadas como *hub* de distribuição para pedidos on-line (especialmente quando o cliente opta pelo "clique e retire"), mas também como parte da jornada de descoberta de produtos, geração de demanda e construção de relacionamentos.

Redes sociais e *conversational commerce*

A personalização das jornadas de compra é um dos grandes desafios do varejo para os próximos anos. As redes sociais mostram o caminho a seguir: a capacidade que os algoritmos têm de direcionar conteúdos que se relacionam diretamente ao momento de uso da ferramenta e aos hábitos, preferências e particularidades dos usuários vem fazendo com que Facebook, Instagram e TikTok se tornem parte importante das jornadas dos clientes.

Nesse processo, as expectativas sobre as marcas crescem, uma vez que os consumidores transformam boas experiências em seu novo padrão do que é aceitável nas relações de consumo. Essa dinâmica da personalização se intensifica e aumenta os desafios do varejo para lidar com realidades muito diferentes e com o desejo do consumidor de ser visto como único.

A resposta para esse dilema está em estabelecer diálogos com os clientes e utilizar as informações desses diálogos para fortalecer as bases de dados e a tomada de decisões. O varejo será cada vez mais movido a dados (*data driven*), mas os dados estarão disponíveis para quem conversa com os clientes. Quanto mais se conversa, mais se vende – mesmo que essa conversa aconteça pelos meios digitais e não pessoalmente dentro da loja.

Esse raciocínio se aplica em todos os meios de relacionamento dos clientes, incluindo o chat do e-commerce, um e-mail para o SAC ou uma reclamação na caixa de mensagens na loja física. O fato é que o varejo, ao tomar conhecimento de uma reclamação, elogio ou comentário, passa a ter a condição de dialogar com os clientes.

Trata-se do que se convencionou chamar de *conversational commerce*, ou "comércio conversacional", baseado em plataformas que transformam o WhatsApp em canal de vendas, com elevado grau de automação e capacidade de escalar a personalização com incorporação de IA.

Durante a pandemia, a C&A foi um dos grandes casos de sucesso no uso do WhatsApp para levar a loja até o cliente. Mas essa agenda é mais ampla, pois envolve a organização do ponto de venda, a logística e o papel do vendedor em novas jornadas de compra – que precisam, necessariamente, estar integradas aos modelos já existentes de relacionamento e venda.

Em 2020, havia um quê de artesanato do *conversational commerce*: os colaboradores da loja enviavam mensagens para os clientes e iniciavam jornadas de compras. Literalmente, milhares de pessoas conversando com o público pelo WhatsApp, em uma situação difícil de controlar, parametrizar, medir e multiplicar as boas práticas. Mas foi o que permitiu movimentar a empresa em um momento em que centenas de lojas estavam fechadas, ou com limitações de operação, e clientes reclusos.

A evolução nos últimos anos, baseada na automação de processos e práticas, permitiu apresentar a tecnologia de maneira mais relevante e disponível aos consumidores. Hoje existe toda uma estrutura movimentando a operação do WhatsApp no negócio, em um processo que não precisa necessariamente ser iniciado por um vendedor. E, cada vez mais, o WhatsApp se torna, na visão da C&A, um meio de levar inteligência para as conversas com os clientes, para que eles possam resolver sozinhos uma parcela cada vez maior de suas necessidades, desejos e dúvidas.

Em uma agenda de digitalização e omnicanalidade, a automação do *conversational commerce* atende à necessidade de estar disponível para o cliente 24 horas por dia, 7 dias por semana. Se o cliente tem um problema ou um desejo, o varejista que se fizer presente trará conveniência e agilidade – e terá mais possibilidade de conquistar a sua preferência.

O poder dos marketplaces na omnicanalidade

Outro vetor da omnicanalidade que precisa ser levado em conta é o uso dos marketplaces como ferramenta de atração de novos clientes. Um dos efeitos da pandemia foi o aumento de relevância e participação dos marketplaces no total das vendas digitais. Em 2024, a participação das cinco maiores plataformas de e-commerce e marketplaces foi de quase 90% do GMV (*Gross Merchandise*

Value - volume geral de mercadoria) no comércio eletrônico brasileiro. A dominância do marketplace se reflete também nas grandes bases de clientes, no tráfego e na recorrência, o que canaliza boa parte das jornadas para interações com as plataformas.

Os varejistas podem implantar seus próprios marketplaces, o que convencionamos chamar de *Marketplace In*, ou atuar como vendedores (*sellers*) em plataformas de terceiros, no chamado *Marketplace Out*. Também existem casos de empresas atuando das duas maneiras, tendo de um lado suas próprias plataformas e aproveitando a força de outros marketplaces para se fazerem presentes junto ao público.

Ao acelerar sua digitalização em meio à pandemia, a C&A decidiu naquele momento desenvolver seu próprio marketplace. A primeira versão foi a Galeria C&A, pensada como se fosse uma galeria de lojas, para complementar o sortimento para o público que visitava o aplicativo ou o site da empresa.

Embora esse movimento faça sentido do ponto de vista da expansão da marca, logo ficou evidente um problema na relação com o consumidor. Marketplace não é apenas sortimento: o nível de serviço oferecido tem um papel relevante na experiência e na decisão de compra do consumidor. E, a menos que a logística do varejista incorpore a logística do marketplace, surgem dois níveis de serviço na mesma plataforma: o serviço prestado pela C&A e o serviço dos *sellers*.

Procurando evitar que experiências diferentes sob uma mesma marca se tornassem detratoras, a C&A foi paulatinamente mudando seu foco e filtrando o sortimento do marketplace, visando manter *sellers* com um nível de serviço compatível com o que a própria varejista já oferecia. Em uma visão focada no consumidor e não em canais, o aprendizado dessa jornada é que o investimento (financeiro e de aquisição de tecnologia e conhecimento) necessário para se tornar um marketplace relevante é elevado, a competição com as grandes plataformas generalistas é desafiadora e a sustentabilidade econômica é difícil de ser alcançada.

Sem operar um *Marketplace Out*, a C&A acredita que o fortalecimento de sua marca junto aos consumidores parte da construção de histórias e transita pelas suas propriedades físicas (as lojas) e digitais (site e aplicativos) para engajar os clientes e gerar fidelidade.

Geração e captura de valor na relação com clientes

O foco em contar boas histórias e se tornar um local de descoberta de produtos e de reconhecimento de sua identidade, no "a gente se encontra na C&A", leva a empresa a agregar valor em sua relação com o cliente por meio da frequência das interações. É a partir daí que os índices de CAC e LTV, que discutimos no Capítulo 5 – Novo marketing, são tratados.

Quando se refere à frequência de interações, a C&A entende que lojas físicas e meios digitais precisam funcionar como consultorias de moda para os clientes. A missão de fazer a curadoria das tendências e mostrar para o público o que é interessante, instigante e alinhado ao seu jeito de ser é da varejista. E é a partir desse reconhecimento pelo público que a C&A passa a ter representatividade no cotidiano das pessoas.

Ao desenvolver conversas, que se transformam em contatos, interações e vendas por diversas jornadas diferentes, a varejista coloca na mão dos clientes o poder de tomada de decisão de como interagir. A missão da marca é estar sempre disponível para desenvolver diálogos a partir das oportunidades apresentadas pelos clientes – sem necessariamente investir em mídia para iniciar as conversas.

A mídia tradicional, de amplo alcance, tem cada vez menos efetividade. O mesmo acontece com a dinâmica tradicional de CRM (*Customer Relationship Management* - Gestão de Relacionamento com o Cliente), de envio de campanhas relativamente genéricas para públicos amplos. O presente já é formado por conversas personalizadas, em uma agenda estratégica que traz frescor para o relacionamento com os clientes e se torna mais relevante justamente por mostrar ao consumidor que a marca o conhece, entende e está ao seu lado para apoiar suas decisões de moda.

E isso se faz, acima de tudo, com automação e Inteligência Artificial.

Inteligência Artificial, automação e produtividade

O poder dos dados e o avanço no uso de algoritmos, inteligência analítica e Inteligência Artificial no varejo vêm provocando um aumento exponencial nos dados armazenados e tratados. Nos últimos quatro anos, a quantidade de dados disponível na C&A foi multiplicada por dez – lidar com esse crescimento do volume de informação exige um elevado nível de infraestrutura e tecnologia, baseadas no armazenamento e processamento de dados em nuvem.

Guardar a informação é o início dessa trajetória. Uma vez que os dados estejam organizados e armazenados, como transformá-los em insights que contribuam para a tomada de decisões no momento que o cliente solicita uma informação ou acessa o e-commerce da marca?

É onde entra a Inteligência Artificial, com sua ampla capacidade de analisar dados, encontrar correlações não óbvias e personalizar conversas e relacionamentos. Os avanços em tecnologia permitirão, um dia, que até mesmo produtos sejam desenvolvidos de maneira personalizada a um custo viável para uma operação com o posicionamento e a escala da C&A.

Hoje, automação e Inteligência Artificial já estão se fazendo presentes, impactando o papel dos vendedores e influenciando a experiência de consumo dos clientes. A tecnologia contribui para ajudar a empresa a construir uma força de vendas que seja formada por consultores, estilistas e assistentes de estilo. Com o conteúdo gerado pela marca, o conhecimento sobre moda é grande – o grande desafio é acessar esse conhecimento em tempo real, quando o cliente solicita essa informação.

Uma das saídas para isso foi o desenvolvimento do Aplicativo do Associado, que traz informações que podem ajudar o cliente a encontrar o produto ou o *look* que deseja. Com o uso de tecnologia, equipes treinadas podem ser empoderadas para ajudar na jornada dos clientes, entregando uma experiência mais assertiva e positiva para o público.

Com o uso de Inteligência Artificial e automação de processos, torna-se possível levar a personalização para as jornadas de compra dos consumidores, humanizando o relacionamento e agregando mais conteúdo dentro do contexto do cliente, de maneira natural.

Um passo além nessa jornada, dependendo do consentimento formal dos clientes para atender à legislação de proteção de dados (LGPD), é desenvolver sugestões personalizadas de produtos, para que a varejista ofereça itens que combinem com pesquisas anteriores, com os hábitos de compra e preferências já demonstradas nas diversas interações.

A Inteligência Artificial também permite mais qualidade na gestão de sortimento, de todos os processos relacionados à gestão de produtos e otimização de estoques e logística, com ganhos de qualidade, assertividade e melhora na experiência do cliente. Ela também permite detectar tendências e prever demanda com mais velocidade e assertividade, melhorando a qualidade das coleções.

É importante destacar que essa é uma jornada. Ao desenvolver seu plano para a abertura de capital na B3, em 2019, a C&A montou a Estratégia Fashion Tech, buscando se posicionar como uma empresa com recursos tecnológicos para atender ao varejo de moda. Nessa dinâmica, foram feitos investimentos significativos em tecnologia, especialmente logo após a pandemia, para a construção de uma série de fundamentos que dão, hoje, a possibilidade de acelerar a jornada de personalização.

Ao desenvolver base única de clientes, base única de dados, e transferir os ativos para a nuvem, ao longo de anos, a C&A passou a adotar diversas aplicações, como a precificação dinâmica – um entendimento profundo das curvas de demanda de cada produto em cada loja, para ajustar os preços de acordo com elas. Itens que vendem pouco podem ter seu preço reduzido para estimular a saída, enquanto itens com muita venda que poderão ter quebra de estoque podem ter seu preço ligeiramente elevado para dar fôlego a ele.

Essa é uma dinâmica que funciona bem em companhias aéreas e na compra de publicidade on-line, entre outros setores, mas que, no varejo, ainda é tratada como uma espécie de tabu. Na C&A, esse tipo de iniciativa tem sido importante para que a margem bruta do negócio esteja em crescimento há 14 trimestres consecutivos – tornando a história da varejista diferente de seus pares no mercado brasileiro.

Esse é um ciclo que se retroalimenta, uma vez que a crescente capacidade de processamento de dados contribui para a geração de ainda mais inteligência a partir das informações coletadas nas interações com os consumidores. O grande desafio é utilizar essas informações sempre em prol do cliente, ao mesmo tempo maximizando os resultados da empresa.

Quem é Paulo Correa

Paulo Correa é o presidente da C&A Brasil desde 2015, membro do Conselho da C&A e integrante do Board Global de Sustentabilidade da companhia. Na C&A desde 2004, atuou como Diretor de Projetos Estratégicos, Diretor de Compras e Vice-Presidente Comercial. Anteriormente trabalhou na consultoria McKinsey e na Capital One Financial Services.

Fundada em 1841 pelos irmãos holandeses Clemens e August, a C&A foi pioneira na confecção de roupas prontas para usar e hoje é uma das maiores varejistas de moda do mundo. No Brasil, está presente desde 1976, quando inaugurou sua primeira loja no Shopping Ibirapuera, em São Paulo. A empresa encerrou 2024 com 332 lojas no mercado nacional e uma área de vendas superior a 615 mil metros quadrados, além do e-commerce.

Listada na B3 desde outubro de 2019, a C&A segue em uma trajetória consistente, procurando oferecer propostas de moda a partir de experiências que integram varejo físico e digital. Com mais de 15 mil associados em todo o país, a empresa se destaca por oferecer produtos de moda com alto valor percebido por seus clientes. Em dezembro de 2021, a empresa lançou o C&A Pay, com oferta direta de crédito para seus clientes.

A empresa encerrou 2024 com um faturamento de R$ 7,6 bilhões, consolidando um crescimento médio anual de 15% desde 2021.

PAULO CORREA, CANAIS DIGITAIS E OMNICANALIDADE

"O uso intensivo de tecnologia, com base em dados dos clientes, personaliza o relacionamento e se conecta à dinâmica comportamental do público."

"Marcas e varejistas se veem diante do desafio de integrar essas jornadas para entenderem de maneira completa o comportamento de seus clientes."

"Não basta desenvolver diversos pontos de contato com os clientes: é preciso integrá-los em jornadas sem atrito, para que a relação do consumidor se dê com a marca e não com o canal."

"Quem dita qual é a jornada de compra é o cliente. O varejo precisa ser flexível e ágil para entregar a informação e disponibilizar o produto desejado."

"Quanto mais se conversa, mais se vende – mesmo que essa conversa aconteça pelos meios digitais e não pessoalmente dentro da loja."

"A dinâmica da personalização se exponencializa e aumenta os desafios do varejo para lidar com realidades muito diferentes e o desejo do consumidor de ser visto como único."

"A C&A acredita que o fortalecimento de sua marca junto aos consumidores parte da construção de histórias e transita pelas suas propriedades físicas e digitais."

"A crescente capacidade de processamento de dados contribui para a geração de ainda mais inteligência a partir das informações coletadas nas interações com os consumidores."

CAPÍTULO 8

Retail media

Alberto Serrentino e Eduardo Terra
em coautoria com Marcelo Pimentel, CEO do GPA

Confira nestes QR Codes o episódio sobre Retail media, *com Marcelo Pimentel, no YouTube (cortes e íntegra) e no Spotify.*

YouTube íntegra

YouTube cortes

Spotify

"A agenda de Retail media *não é uma agenda trivial, pois pressupõe alguns requisitos estruturantes fundamentais ligados à cultura e ao uso de dados."*
Alberto Serrentino

"Retail media *envolve a monetização de um ativo que, em última instância, já está pago, mas agora apresentado à indústria no formato de plataforma."*
Eduardo Terra

"A criação da área de dados, que traz informações relevantes para o time de varejo, tem sido mágica para nós, pois temos recursos para identificar como e onde podemos ser melhores."
Marcelo Pimentel

Na evolução do varejo, a jornada de digitalização vem abrindo a possibilidade de monetizar diversos ativos, como os espaços em loja, as propriedades digitais das marcas, a base de clientes e a capacidade de interação com o público. A agenda de *Retail media* é emergente em todo o mundo, mas é um aspecto estratégico na perspectiva de evolução do setor – conforme as empresas migram de uma visão baseada em produto e canal para um olhar focado no relacionamento com o consumidor e na conquista de sua atenção.

Retail media é uma agenda que ganha tração com a escala da operação e da base de clientes. Nos Estados Unidos, o mercado de *Retail media* é dominado pela Amazon, que, segundo dados da eMarketer, terá participação de 76% em 2025. Apesar da concentração, empresas de varejo como Walmart, Target, Kroger, CVS, Best Buy e Lowe's já implantaram divisões de *Retail media* e vêm atuando para desenvolver soluções e produtos que integrem ativos físicos e digitais, transformando *Retail media* em uma agenda omnicanal.

No Brasil, a liderança em *Retail media* é do Mercado Livre, com participação projetada de 66%, segundo a eMarketer. O modelo trabalha a combinação de anúncios e busca patrocinada, com foco primário nos *sellers* do marketplace. No entanto, assim como acontece no mercado norte-americano, varejistas tradicionais como GPA, RD Saúde e Carrefour, além do ecossistema do Magazine Luiza, têm desenvolvido uma visão integrada de *Retail media*, procurando alavancar seus ativos físicos (lojas e tráfego de clientes), seus canais digitais e, no caso do Magalu, o marketplace. O desafio é conseguir integrar os ativos em produtos híbridos, que tenham visão unificada de clientes, jornadas e dados que permitam mais assertividade e retorno para os anunciantes.

A entrada em *Retail media* deve ser encarada como uma jornada que demanda novas competências, mudanças de cultura e uma visão centrada nos clientes. O GPA, que desde 2023 vem desenvolvendo essa frente de negócio, é uma das referências em *Retail media* no mercado brasileiro. A jornada da empresa é também um reflexo dos desafios de reinvenção dos negócios em uma era na qual o desenvolvimento de competências digitais se torna necessário para a competitividade das empresas.

O potencial de geração incremental de receitas advindas de *Retail media* em empresas de varejo tradicionais vem sobretudo de fornecedores de produtos. Tradicionalmente, a indústria de bens de consumo atua em ações de ativação junto a seus clientes do varejo, para aumentar a visibilidade e a venda de seus produtos. Isso está agrupado nas diversas frentes de *trade marketing*, em que há investimentos para posicionamento de produtos, visibilidade nos pontos de venda, ações promocionais, ações de experimentação e ações de mídia cooperada. Normalmente, as verbas de *trade marketing* são gerenciadas pelas áreas de vendas da indústria e alocadas para atingir objetivos comuns e integrados às políticas comerciais.

Com o avanço de *Retail media*, o varejo busca captar receitas incrementais, que não estão relacionadas às verbas de *trade marketing*, mas, sim, à alocação de recursos da indústria destinados à comunicação e mídia – tanto em veículos tradicionais como em mídias digitais. Com isso, surge a necessidade de separação entre as negociações envolvendo verbas comerciais e aquelas voltadas para ações de *Retail media*, o que desafia tanto o varejo como a indústria em questões organizacionais, de processos e de governança.

De outro lado, o avanço de *Retail media* também pressupõe relacionamento com agências e com anunciantes não fornecedores. Isso traz a demanda por novas competências e desenvolvimento de produtos de mídia, que seguem uma lógica diferente do modelo de negociação para verbas de *trade marketing*.

No caso do GPA, a área de *Retail media* se reporta funcionalmente à estrutura de marketing, que por sua vez está integrada à estrutura comercial (compras). A lógica de produtos de mídia está voltada para a construção de marca, a venda de espaços publicitários nos diversos canais (lojas, e-commerce e aplicativo) e as ações segmentadas junto à base de clientes, utilizando os dados e ferramentas de CRM (Gestão de Relacionamento com o Cliente).

O negócio, ainda incipiente, teve em 2024 um crescimento de 157,4% na receita em relação ao ano anterior. O GPA tem focado nos ativos físicos de loja, monetizando equipamentos, carrinhos, telas e outros equipamentos que já estavam nos pontos de venda, e já desenvolve ações junto à base de clientes, utilizando dados, capacidade analítica e canais de comunicação segmentados para ativar a base de clientes.

Monetização de dados e ativos

Ao transformar as lojas em mídia e explorar o potencial da base de dados de clientes, o GPA inicia uma exploração que envolve pilares essenciais da cultura, trabalhando dados de clientes e ativos físicos, visando monetizá-los de modo escalável, ao mesmo tempo entregando uma experiência positiva para os clientes. Nesse processo, é necessário desenvolver novas competências para agregar ao varejo um negócio de mídia – algo que, historicamente, não faz parte do escopo de atuação de um negócio de varejo.

No GPA, a empresa tem transformado sua cultura a partir da coleta, análise e uso dos dados dos clientes. O objetivo não é eliminar a intuição da tomada de decisões, mas utilizar intuição, dados e insights para gerar ideias que amplifiquem os resultados da companhia.

A criação de uma área de dados, como parte da transformação do GPA nos últimos anos, é um aspecto essencial para sinalizar para a cultura organizacional que as iniciativas baseadas em informações são estratégicas em uma jornada de entendimento dos clientes. A partir da coleta, análise e uso dos dados, as equipes de varejo passam a ter informações relevantes para serem usadas no dia a dia – seja na negociação comercial, na criação de ações promocionais ou no uso estratégico dos espaços em loja para influenciar o comportamento dos consumidores.

A análise profunda de dados, seguida de um ciclo de melhoria das operações a partir dos insights obtidos, permitiu ao GPA sair, nos últimos três anos, de um NPS (*Net Promoter Score*) de 42 para 82. Diariamente, os gerentes das lojas recebem as informações do NPS de seus pontos de venda, com destaques sobre os pontos nos quais eles precisam atuar imediatamente. O mesmo acontece no marketing, no comercial e em todas as áreas da empresa, buscando desenvolver novas oportunidades de relacionamento, vendas e rentabilidade, sem abrir mão da experiência do cliente.

A empresa também passou, em 2022, por um processo de simplificação de projetos, metas e indicadores. Havia mais de 300 projetos sendo desenvolvidos dentro da varejista, cada um com seu orçamento e times específicos. A busca por inovação e agilidade estava criando iniciativas que não ganhavam escala. Os mais de mil indicadores-chave (KPIs) que eram utilizados nas diversas áreas do negócio foram reduzidos para que todos os colaboradores atuassem com o mesmo foco, sob os mesmos indicadores e preceitos estratégicos. Foram definidas dez metas que são acompanhadas em toda a empresa, e com as quais todos os colaboradores se envolvem.

Com isso, o GPA disse "não" para projetos interessantes e importantes, mas que não eram vitais no processo de transformação da companhia. *Retail media* foi um dos projetos que passaram pelo crivo das metas, indicadores e preceitos estratégicos, focando primeiro nos ativos físicos das lojas para, em um segundo momento, atuar na estruturação dos dados.

Para o GPA, *Retail media* é a oportunidade de monetizar ativos que já existem. Sem a necessidade de realizar grandes investimentos adicionais, a empresa vem conseguindo colocar a visão do "varejo como mídia" em prática. Um dos investimentos necessários, porém, é sintomático da mudança de foco em benefício da centralidade no cliente.

A aquisição de uma plataforma de dados de clientes (CDP – *Customer Data Platform**- plataforma de dados de clientes) em 2023 vem permitin-

---

* Plataforma que permite gerenciar todas as interações com clientes e orquestrar a personalização em escala na ativação de clientes.

do extrair insights e correlações de uma forma muito mais acelerada e assertiva. Contando com o maior programa de fidelidade do varejo supermercadista brasileiro, com mais de 20 milhões de clientes e 3 milhões de consumidores ativos mensais, o GPA passou a usar essa base para identificar comportamentos e aprimorar ofertas, promoções e oportunidades comerciais. Hoje, mais de 70% da comunicação direta com os clientes passa pelo CDP.

Um teste realizado com um fornecedor de café em cápsula mostrou o potencial do uso dos dados. Ao analisar os dados dos consumidores, o GPA buscou correlacionar clientes que compram café em cápsula (ou poderiam se tornar clientes) e identificou o grupo dos que compram itens de churrasco. Para esse público, normalmente a publicidade apresenta itens como cerveja e carvão.

Ao oferecer café em cápsula para esse público, as vendas do fornecedor saltaram 700%, mostrando claramente a existência de um perfil de consumo ainda não identificado e altamente rentável. A partir daí, o GPA estruturou uma área de *Retail media* que hoje conta com 20 pessoas.

Mais do que os resultados iniciais, o GPA vem percebendo que *Retail media* gera resultados para os anunciantes quando há relevância no conteúdo e ativações. De outro lado, para a indústria, o uso estratégico dos dados oferece a oportunidade de otimizar investimentos em uma agenda de personalização em escala que pode gerar resultados importantes.

Atualmente, o GPA conta com mais de 100 contratos com indústrias, que utilizam um "cardápio digital" de ativações, por tipo, loja, valor investido, duração e diversos outros fatores. Essa formatação facilita a separação da disciplina de *Retail media* do tradicional *trade marketing*, que continua sendo desenvolvido como parte das ações comerciais e tem objetivos e estratégias diferentes de impacto, relacionamento e geração de resultados.

As operações de *Retail media* abrem uma perspectiva de geração de receitas incrementais de varejo. É necessário, porém, equilibrar a agenda de monetização com a entrega de experiências positivas para os clientes, evitando que a busca por resultados financeiros prejudique o NPS do negócio – e, em última instância, a fidelização do público.

É preciso resistir à tentação de buscar receita de *Retail media* sem levar em conta critérios como a conexão com o cliente e a aderência daquela comunicação à jornada do consumidor ao longo de todo o seu ciclo de vida. Para uma agenda de *Retail media* funcionar, o varejista precisa conhecer o cliente mais que de modo transacional – é necessário entender hábitos, comportamentos e motivações.

Conteúdo como gerador de jornadas

Nesse processo de entendimento mais profundo dos consumidores, indústria e varejo avançam na compreensão de que a apresentação de conteúdo é relevante para estimular novas jornadas dos consumidores. No âmbito de *Retail media*, as telas trazem conteúdo e podem ser combinadas a outros meios, como sinalização na loja e QR codes, para levar os clientes a conhecer melhor os produtos, gerar narrativas mais envolventes e sair dos aspectos puramente racionais de seleção do sortimento.

Um bom exemplo dessa construção de jornadas está na rastreabilidade de produtos como carnes, peixes e ovos, reforçando aspectos relacionados à qualidade desde a origem e à ausência de maus-tratos aos animais. *Retail media* se transforma, assim, em uma oportunidade para comunicar, por exemplo, os benefícios dos ovos de galinhas criadas livres de gaiolas: trazer essa materialidade para o consumidor é cada vez mais relevante para comunicar diferenciações de qualidade e preço, bem como para atrair e conquistar um público que tem uma relação baseada em aspectos como o respeito aos animais.

Um segundo aspecto relevante na trajetória do GPA para apresentar conteúdo como um gerador de jornadas de compras é a obsessão da empresa em aumentar o número de clientes usuários de seu app. O uso da ferramenta permite promover interações omnicanal com os consumidores dentro das lojas, potencializando oportunidades de contato da indústria com o público em um momento decisivo da jornada.

A combinação do uso de telas dentro das lojas com os smartphones dos clientes pode ser poderosa na geração de novas oportunidades de relacionamento e de transações. Com o uso de recursos como códigos QR conectando a experiência física ao mundo digital, os consumidores podem ter acesso a mais informações sobre produtos, serviços e marcas, o que pode ser potencializado dentro do app próprio do varejista pelo uso de Inteligência Artificial em jornadas conversacionais. São avanços aos quais o GPA está atento e que podem trazer níveis adicionais de personalização e de coleta de dados – o que se reverte em mais informações para direcionar comunicações e ações dos parceiros da indústria dentro da plataforma própria da varejista.

O desenvolvimento de inovações aplicáveis à experiência do cliente é estimulado no GPA por meio de programas como o Crachá Dourado, que reconhece colaboradores que trazem ideias disruptivas que sejam aplicáveis em massa na rede. Um exemplo do uso desse reconhecimento é a utilização de QR Codes para colocar um especialista em vinhos na tela do smartphone, permitindo que todas as lojas apresentem informações de qualidade sobre todo o sortimento de suas adegas.

E esse é um canal altamente rastreável, permitindo que, dentro do aplicativo, o GPA entenda melhor as preferências dos clientes. Ao abordar os consumidores, é cada vez mais importante ser altamente personalizado e dar oportunidade para que o público entenda mais sobre temas relevantes e que fazem parte do universo dos supermercados. A integração tecnológica para apresentação de conteúdo oferece a possibilidade de entregar esses benefícios.

Governança de dados

A implementação de uma estratégia de *Retail media* não é trivial – e pressupõe alguns requisitos estruturantes fundamentais, sem os quais não é possível escalar seu uso com qualidade. A utilização de uma plataforma de gestão de dados de clientes (CDP) e o desenvolvimento de conteúdo para reforçar o relacionamento com os clientes são dois pontos que já discutimos e que, historicamente, não fazem parte das competências-chave dos negócios, nem da cultura da maioria das empresas de varejo.

Esse é um grande desafio para todo o varejo. É preciso dedicar atenção, por exemplo, à organização e ao enriquecimento dos cadastros dos clientes e de produtos, porque é a partir dos cadastros que se torna possível contatar os consumidores nos momentos-chave da jornada de uma forma personalizada.

Também é importante avaliar questões relacionadas à arquitetura de sistemas e à capacidade de escalar frentes que dependam de acesso aos dados e ativação de clientes. Esse tema foi tratado no Capítulo 6 – Varejo tech.

Outro aspecto relevante é a governança de dados, que precisa assegurar a conformidade com leis de proteção de dados, privacidade e escolhas dos clientes, níveis de acesso e segurança.

Os aspectos estruturantes do negócio precisam ser direcionados dentro de um plano de longo prazo que permita a digitalização do negócio de uma forma financeiramente sustentável e tecnologicamente adaptável às transformações do mercado. Essa é uma jornada que o GPA tem empreendido há quase três anos. O sistema de gestão empresarial (ERP), por exemplo, está em processo de revisão, em uma iniciativa que deverá liberar oportunidades de evolução em processos e aumento da velocidade e flexibilidade de toda a empresa.

Esse tipo de agenda estruturante permite implementar o que, no GPA, é chamado de LAPA – loja limpa, abastecida, precificada e com atendimento excelente. A partir da tecnologia, é possível transcender os aspectos básicos do varejo e preparar agendas que não podem esperar, como é o caso de *Retail media* e do uso de Inteligência Artificial nos negócios.

No GPA, a agenda de Inteligência Artificial está avançando em frentes como a interação com o cliente por meio de IA Generativa no WhatsApp, mas também na otimização de atividades de retaguarda, em que os ganhos se refletem indiretamente para o consumidor final, pois trazem oportunidades de ganhos de eficiência e produtividade que são revertidos em melhores preços, experiências e investimentos em tecnologia.

Nessa abordagem, áreas como o Jurídico e o Financeiro já incorporam processos de Inteligência Artificial no dia a dia, em atividades como a leitura e priorização de documentos, contabilidade, fechamento e tesouraria. Os ganhos serão potencializados com o tempo – e, no GPA, com foco em entregar melhores experiências para os clientes e criar linhas de geração de receita – como tem acontecido com *Retail media*.

Quem é Marcelo Pimentel

Marcelo Pimentel é um executivo dinâmico com mais de 20 anos de experiência em operações de varejo, com um histórico de entrega de resultados em diversos países e culturas. Entende como trabalhar em ambiente estratégico e tático e sabe construir e liderar equipes com foco no cliente. Ocupa a posição de CEO do GPA desde 2022.

Antes, atuou nas Lojas Marisa, como CEO (2019 a 2022) e Diretor de Operações de Varejo (2017 a 2019). De 2015 a 2017, foi Diretor de Operações de Varejo da Drogarias Pacheco. Anteriormente, trabalhou em cargos executivos de nível sênior para o Grupo Walmart no Brasil e no Reino Unido por mais de dez anos.

GPA
Grupo Pão de Açúcar

Fundado em 1948 em São Paulo pelo imigrante português Valentim dos Santos Diniz como Doceira Pão de Açúcar, o GPA é reconhecido por uma trajetória de resultados e realizações consistentes e relevantes. De seu primeiro supermercado na capital paulista (inaugurado em 1959) até hoje, a empresa desenvolveu um modelo único de operações em diversos segmentos da distribuição, fazendo parte da vida de milhões de brasileiros.

Em 2021, o GPA decidiu se concentrar no segmento de supermercados de vizinhança, cindindo a operação do Assaí e vendendo seus hipermercados para a rede. No ano seguinte, já em meio a um projeto de virada estratégica de seus negócios, a empresa separou suas operações do grupo colombiano Éxito e iniciou uma trajetória de foco no mercado premium, que hoje representa 70% de sua operação.

O GPA fechou o ano de 2024 com um faturamento bruto de R$ 20,05 bilhões, 4,6% mais que no exercício anterior. No período, foram abertos 60 pontos de venda, para um total de 726 lojas que se tornaram centrais na estratégia de integração omnicanal da companhia, viabilizando o crescimento da empresa no e-commerce alimentar, onde ocupa uma posição de liderança. Atualmente, 35% de sua venda on-line está em itens perecíveis.

MARCELO PIMENTEL E *RETAIL MEDIA*

"A agenda de *Retail media* é emergente em todo o mundo, mas é um aspecto estratégico na perspectiva de evolução do setor."

"O GPA tem focado nos ativos físicos de loja, monetizando equipamentos, carrinhos, telas e outros equipamentos que já estavam nos pontos de venda."

"Ao transformar as lojas em mídia, o GPA inicia uma exploração que envolve pilares essenciais da cultura."

"*Retail media* foi um dos projetos que passaram pelo crivo das metas, indicadores e preceitos estratégicos."

"Sem a necessidade de realizar grandes investimentos adicionais, a empresa vem conseguindo colocar a visão do 'varejo como mídia' em prática."

"Mais do que os resultados iniciais, o GPA vem percebendo que *Retail media* envolve o uso dos dados de forma correta e com sabedoria."

"É necessário equilibrar a agenda de monetização com a entrega de experiências positivas para os clientes."

CAPÍTULO 9

Ecossistemas de negócio

Alberto Serrentino e Eduardo Terra
em coautoria com Alê Costa, CEO da Cacau Show

Confira nestes QR codes o episódio sobre Ecossistemas de negócio, com Alê Costa, no YouTube (cortes e íntegra) e no Spotify.

YouTube íntegra

YouTube cortes

Spotify

"À medida que os negócios mudam e a escala aumenta, muda o modelo de negócios, em um processo de transformação que sai de produtos e operações para focar nos clientes."
Alberto Serrentino

"Nos definimos como um ecossistema de felicidade e, dentro dele, temos muito a evoluir todos os dias."
Alê Costa

"A felicidade é o que afasta a Cacau Show de ser uma commodity e dá muita força à marca."
Eduardo Terra

Os últimos dez anos têm visto uma significativa mudança no perfil dos negócios de varejo, desafiados pela digitalização. Uma transformação que tem dado origem a novos modelos de negócio, caracterizados como Ecossistemas de negócio. Eles transcendem as fronteiras de produtos, serviços e segmentos: a partir do domínio de bases de clientes, os ecossistemas se desenvolvem em plataformas sinérgicas, ambientes abertos a colaboração e integração de terceiros e se posicionam para entregar soluções e aumentar engajamento e captura de valor do público em diversas jornadas e missões de compra.

No mercado chinês, houve um rápido crescimento de Ecossistemas de negócio que, apesar de origens distintas, se desenvolveram em trajetórias similares, avançando em varejo, e-commerce, marketplaces, pagamentos digitais, serviços financeiros, conteúdo e mídia. Modelos baseados em tecnologia proprietária, com capacidade de crescimento acelerado, alavancados a partir de clientes e dados, com integração de terceiros.

A inovação trazida por empresas como Alibaba, Tencent, JD e PinDuoDuo provocou mudanças estruturais no varejo e em outras cadeias de valor, acelerando sua transformação pela digitalização. Nos modelos de Ecossistemas de negócio chineses, camadas formadas por terceiros se integram para viabilizar crescimento com ativos de terceiros, expandindo a escala e a diversificação dos negócios a partir de plataformas de serviços suportados por tecnologia.

Como conceito, os Ecossistemas de negócio têm sido muito abordados, normalmente sob a ótica de uma empresa de tecnologia que constrói um marketplace e incorpora serviços como logística, pagamentos e crédito, marketing e inteligência de dados. Neste capítulo, nossa provocação é ir além dessa visão sobre ecossistemas.

Fomos buscar um exemplo diferente de Ecossistema de negócio – um que se define como um "ecossistema de felicidade". A Cacau Show não é apenas a maior rede de varejo especializada em chocolates do mundo e a maior rede de franquias do Brasil em número de pontos de venda: ela é, acima de tudo, um negócio que tem o cliente no centro e utiliza a tematização do cacau para ampliar a atuação da marca, desenvolver novos negócios, avançar em serviços e entretenimento e gerar conexões, envolvimento emocional e fidelização de clientes.

Um ecossistema brasileiro, que, após 35 anos, opera mais de 4.800 pontos de venda (próprios e franqueados), 100 mil representantes porta a porta, um negócio de parques de diversão, hotelaria, licenciamento de produtos e, acima de tudo, tem como premissa entregar emoção e envolvimento para os clientes.

A construção de plataformas de felicidade

Para construir um ecossistema focado no cliente, é preciso ter a humildade de entender que o negócio está ali para servir. O chocolate é o meio, mas a chave é a conexão com o consumidor. Desenvolver esse posicionamento em larga escala em uma empresa com 22 mil colaboradores é um desafio que depende do uso de tecnologia.

É necessário usar tecnologia sem perder de vista nem o *core* (o negócio principal), nem o *cuore* (coração, a conexão emocional). A conexão, que permite a criação de um "ecossistema da felicidade", é o que possibilita transformar um produto em um símbolo. A Cacau Show significa oferecer produtos de qualidade a preços acessíveis.

Assim, o ecossistema da Cacau Show é, em primeiro lugar, uma plataforma de vivências que podem ser experimentadas em diversos momentos e locais: em uma loja física, em um parque de diversões indoor ou em um hotel. Para a empresa, o foco está na oportunidade de participar de mais momentos da vida das pessoas. O que começou como uma visita de 10 minutos a uma loja de 30 metros quadrados para comprar bombons e tomar um café se tornou, com as *megastores*, uma possibilidade de participar da vida do público por 30 minutos a uma hora.

Com a compra do Playcenter e seus parques localizados dentro de shopping centers, em 2023, a Cacau Show agregou novos momentos de diversão, que serão ampliados com a inauguração do Cacau Park em 2027, em Itu. O empreendimento, em que serão investidos cerca de R$ 2 bilhões, contará com uma fábrica de chocolates, experiências imersivas relacionadas ao mundo do chocolate e a montanha-russa mais alta e rápida da América Latina.

Nos hotéis Bendito Cacao, em Campos do Jordão e Águas de Lindoia, o contato com a Cacau Show dura alguns dias, gerando conexões que transcendem produtos. Um exemplo é a possibilidade de realizar um ritual do cacau no meio da floresta, provando o fruto como no tempo dos Maias.

Outro aspecto relevante da construção de uma plataforma de relacionamento são as propriedades intelectuais relacionadas à Cacau Show. Por um lado, a empresa paga royalties pelo uso de personagens como Ursinhos Carinhosos e Harry Potter em seus produtos. Por outro, a *collab* com a Pampili para calçados infantis mostra que a marca consegue expandir seus horizontes além dos chocolates.

A ideia é que os primeiros 35 anos da Cacau Show estiveram mais relacionados ao cacau – e os próximos 35 avançarão para o entretenimento. Tudo para ter cada vez mais a atenção do consumidor e capturar mais valor em múltiplas interações.

Como resultado, os clientes fãs da marca passam a ter mais oportunidades de interação com ela. Com mais de 30 milhões de clientes participando do programa de relacionamento Cacau Lover, a empresa consegue avaliar comportamentos e tem avançado no reconhecimento das possibilidades de interação e vendas. Uma família, por exemplo, passou um final de semana em um dos hotéis Bendito Cacau. Na semana seguinte, o marido passou para tomar café em uma loja na terça e na quinta-feira. Na quarta, a esposa foi a uma loja para comprar uma cesta de Dia dos Professores, e no final de semana foi com os filhos ao Playcenter de um shopping em sua região. Vários momentos de interação, com propostas diferentes, mas sempre convergindo para o universo Cacau Show e as emoções relacionadas a alegria, diversão e chocolate.

A Universidade de Harvard diria que a Cacau Show tem aumentado sua participação nas despesas (*share of pocket*) das famílias, mas, na visão da empresa, ela tem aumentado sua participação na felicidade (*share of happiness*) das pessoas, já que seu ecossistema é pensado como um ecossistema de felicidade.

Nele, o chocolate se torna um presente, um carinho a ser compartilhado, o cuidado com alguém amado. Nos parques e nos hotéis, são construídas memórias afetivas em família ou com os amigos. Ao pensar em um ecossistema que transcende a venda de chocolates, a Cacau Show deixa de limitar seu crescimento. A captura de valor emocional, além do valor econômico, tende a ser crescente em uma lógica de fidelização dos consumidores. E é isso que vai projetar o futuro da Cacau Show.

Essa construção tem sido intuitiva, uma obra de empreendedorismo que vai se ajustando *a posteriori*. A entrada no setor hoteleiro, por exemplo, aconteceu por oportunidade. A visão integrada ao chocolate e ao universo Cacau Show não aconteceu de maneira planejada. A cultura da empresa é de "acertar em algum lugar e pintar o alvo depois", trabalhando de maneira fluida, na percepção dos movimentos e no entendimento do que o consumidor pode valorizar no relacionamento com a marca.

Essa percepção, que tem conexão direta com o conceito de Centralidade no cliente, que abordamos no Capítulo 1, levou a empresa a aumentar, com o passar do tempo, o tamanho de suas lojas, acrescentar serviços e transformar os pontos de venda em pontos de experiência.

Cliente no centro e novos indicadores

O processo de transformação do varejo abre oportunidades para evolução nos modelos de negócio. Com a mudança do eixo dos negócios de produtos e operações para clientes, é preciso incorporar novos indicadores. Quando os clientes estão no centro, os indicadores relacionados a jornada, comportamento, engajamento, satisfação, frequência, recência, valor e lucratividade precisam suportar análises e decisões.

A Cacau Show sabe que um cliente permanece, em média, por 55 horas a cada visita a um hotel Bendito Cacao, 90 minutos em um parque Playcenter e 20 a 30 minutos em uma *megastore*. Tempo é uma métrica importante, pois a captura do tempo, da atenção e do engajamento dos clientes transforma o negócio em uma ótica de valor do cliente ao longo do tempo (LTV). Consideramos que o LTV deve ser um indicador-chave do varejo, pois o crescimento sustentável dos negócios vem da capacidade de fazer crescer a base de clientes e capturar mais valor deles ao longo do tempo.

A Cacau Show tem desenvolvido elementos para descentralizar a gestão, mas ainda assim controlar as métricas fundamentais dos clientes, acompanhá-las e tomar decisões a partir delas. Com 30 milhões de Cacau Lovers, o objetivo é aumentar a interação, para que uma parcela cada vez maior dos gastos da família esteja dentro do ecossistema. Em uma loja maior, com cafeteria, produtos para presente e mesas de reunião, é possível aumentar o tempo de consumo, a frequência e o tíquete médio, com altos índices de satisfação.

Evolução do ecossistema

Existe um lado racional e estratégico no desenvolvimento de um ecossistema de lojas físicas, parques temáticos e hotéis: aumentar as oportunidades de engajamento e geração de receita. De outro lado, é importante criar vínculos emocionais que geram mais engajamento e conexão baseada em valores.

Os meios de pagamento têm papel relevante nas jornadas dos clientes, mas também em todo o ecossistema de parceiros com os quais a empresa atua. Com a maior rede franqueada do Brasil em número de lojas, a Cacau Show tem uma política de não financiar a primeira loja: ela precisa ter capital do franqueado, como uma forma de obter um envolvimento sólido dele. A partir da segunda loja, porém, é possível acessar financiamentos – e a Cacau Show conta com bons acordos com bancos para ajudar na aceleração da rede.

A empresa também possibilita a antecipação dos pagamentos dos fornecedores e de recebíveis dos franqueados com taxas inferiores às praticadas pelo mercado. O desenvolvimento de plataforma de crédito e serviços financeiros poderá se tornar no futuro um componente do ecossistema da Cacau Show.

A expansão do ecossistema da Cacau Show também se dá pela verticalização na cadeia de valor e por investimentos estratégicos. A companhia tem feito diversos investimentos em empresas que tenham sinergia com as operações do negócio principal. Um exemplo é o investimento em uma empresa de massas de uma empreendedora de pequeno porte que já fornece alimentos para os hotéis e também estará no Cacau Park.

Com o aumento da escala do negócio da Cacau Show, que pretende se tornar uma operação de R$ 20 bilhões em 2030, mais oportunidades surgirão dentro do ecossistema. Na estratégia da empresa, elos com relevância para o negócio e potencial de escala podem ser verticalizados. O apoio às pequenas empresas envolve uma relação de sociedade para alinhar interesses: com o conhecimento comprovado em varejo e consumo, a Cacau Show vem se aliando a parceiros e crescendo na indústria. No Espírito Santo, por exemplo, a empresa conta com uma fábrica com capacidade para produzir 50 milhões de panetones por ano.

Um modelo aberto e colaborativo

O modelo de negócios da Cacau Show é um ecossistema por natureza: a empresa nasceu em um modelo aberto, uma vez que o sistema de franquias tem sido a base do seu crescimento no varejo.

A partir de visão única de clientes, desenvolvimento de plataformas e tematização, é possível explorar sinergias que ampliam a atratividade e a relevância dos negócios. Assim, nas lojas da Cacau Show podem ser vendidos os tênis realizados em colaboração com a Pampili, ou estadias nos hotéis. Também tem havido uma conexão mais forte entre as lojas e os parques de diversões nos shopping centers. Os pontos de venda também funcionam como a "última milha" para entrega das vendas on-line, e como centro de abastecimento das vendedoras porta a porta. De uma forma orgânica, a Cacau Show também segue o conceito de Loja *hub* apresentado no Capítulo 4.

A empresa acredita que esse modelo fortalece as várias partes interessadas (stakeholders) do ecossistema. A expansão da Cacau Show para novos negócios e seu crescimento acelerado nos últimos anos abrem oportunidades não apenas para os franqueados, mas para a força de vendas diretas e para parceiros comerciais.

Essa abordagem colaborativa é estimulada a partir de cima. Os principais executivos da empresa têm participação societária em todos os negócios. Hoje, são 18 sócios que não apenas gerenciam os negócios, mas têm total interesse em que cada ponto de contato com o cliente entregue uma experiência memorável, aumente o *share of happiness* e engaje cada vez mais consumidores.

Ao desenvolver uma jornada de experiências, a Cacau Show ampliou suas lojas físicas, desenvolvendo pontos de venda de grande superfície que entregam um conjunto mais amplo de momentos de consumo: itens para presente, experiências culinárias, cafeteria, sorveteria e várias outras maneiras de impactar o consumidor além da venda de bombons ou barrinhas de chocolate.

Ao fazer isso, a empresa foi além do conceito tradicional de *flagship* (loja-conceito desenvolvida com um apelo eminentemente de marketing, sem tanto compromisso com sua sustentabilidade financeira). As *megastores* da Cacau Show precisam entregar resultado, e o fazem em uma ambientação que encanta o consumidor e convida a permanecer mais tempo em contato com a marca. Atualmente, a Cacau Show conta com 100 *megastores*, que são um formato de varejo estratégico dentro da proposta de valor da marca.

Entropia e sinergias

Na trajetória de desenvolvimento da Cacau Show, muitas inovações nasceram de processos intuitivos e de espírito empreendedor. Sua maturação e ganho de escala, porém, demandam estruturação e evolução do modelo de negócio. Para que expansão e diversificação possam levar a crescimento sustentável, é importante que haja entendimento sobre sinergias e complementaridades entre os negócios.

É um equilíbrio entre entropia e sinergia. Entropia é definida, na Física, como o grau de desorganização e de variáveis possíveis em um determinado sistema. Já a sinergia é a construção de algo por várias partes e que tem um valor maior do que a soma das partes. A trajetória da Cacau Show tem visto inovações surgirem a partir da entropia, que vão encontrando sinergias com os modelos, estruturas e negócios já existentes.

Para que esse modelo funcione, a entropia precisa ter como foco o consumidor. Desde que uma inovação agregue experiência, conhecimento e engaje o cliente à marca, faz sentido avançar. Com essa mentalidade, a empresa passou a oferecer qualidade a preço acessível em diversos formatos de chocolate (bombons, barras, bebidas). Oferecendo experiências e ampliando o acesso dos consumidores a produtos, a empresa avança no mercado brasileiro, com um ecossistema que vai do grão à mesa, da fazenda de cacau à entrega na casa do cliente, passando pela indústria, lojas físicas de diversos formatos e, cada vez mais, um ecossistema de experiências que aumenta o impacto emocional e constrói relacionamentos sólidos com o público.

Quem é Alê Costa

Alê Costa é o CEO e fundador da Cacau Show, a maior rede de chocolates finos do mundo e a maior franqueadora do Brasil. Sua jornada começou ainda na adolescência, quando ele tinha apenas 17 anos. Com muita dedicação e visão empreendedora, Alê construiu um império que, em pouco tempo, se expandiu para todo o Brasil. A Cacau Show se tornou uma das maiores marcas de chocolate do país, destacando-se pela qualidade e pelo atendimento diferenciado.

A história de Alê Costa é marcada pela busca constante por inovação, superação de desafios e capacidade de transformar um sonho em um negócio de sucesso. Hoje, a Cacau Show é sinônimo de excelência no mercado de chocolates e Alê é reconhecido como um dos maiores empreendedores do Brasil.

CacauShow

A Cacau Show é a maior rede de varejo de chocolates do mundo. Fundada em 1988 com o equivalente a US$ 500 emprestados para a fabricação e venda de chocolates artesanais, a empresa tem hoje mais de 4.800 lojas no Brasil, mais de 100 mil representantes em vendas diretas, 22 mil colaboradores e R$ 7 bilhões em vendas. A Cacau Show oferece uma grande variedade de produtos, incluindo trufas, tabletes, bombons, panetones e itens sazonais para datas como Páscoa e Natal, destacando-se por oferecer chocolates de qualidade a preços acessíveis, apostando na conexão com o consumidor.

Ao longo dos anos, a empresa desenvolveu um Ecossistema de negócio que vai desde a fazenda de cacau, passa pela indústria e pelo varejo e avança para hotelaria e parques de diversões. Com a meta de, até 2030, multiplicar por 2,5 vezes seu faturamento, a Cacau Show tem buscado ser autossuficiente em cacau e prepara a construção de um parque temático com a maior montanha-russa da América Latina. O objetivo é construir uma "jornada da felicidade" que envolva os clientes em diversas ocasiões e momentos de consumo.

ALÊ COSTA E ECOSSISTEMAS DE NEGÓCIO

"Para construir um ecossistema focado no cliente, é preciso ter a humildade de entender que o negócio está ali para servir."

"Nosso ecossistema é pensado como um ecossistema de felicidade. Nele, o chocolate se torna um presente, um carinho a ser compartilhado, o cuidado com alguém amado."

"Nossa cultura é de 'acertar em algum lugar e pintar o alvo depois', trabalhando de maneira fluida e intuitiva, sempre com foco no cliente."

"A expansão da Cacau Show para novos negócios e o crescimento dos últimos anos abrem oportunidades para os franqueados, para a força de vendas diretas e para parceiros comerciais."

"Desde que uma inovação agregue experiência, conhecimento e engaje o cliente à marca, faz sentido avançar."

CAPÍTULO 10

Responsabilidade social corporativa

Alberto Serrentino e Eduardo Terra
em coautoria com Fernando Modé, CEO do Grupo Boticário

Confira nestes QR Codes o episódio sobre Responsabilidade social corporativa, com Fernando Modé, no YouTube (cortes e íntegra) e no Spotify

YouTube íntegra

YouTube cortes

Spotify

"A agenda de Responsabilidade social corporativa do Boticário ainda é mais exceção do que regra."
Eduardo Terra

"A Responsabilidade social corporativa aumenta a qualidade das relações da empresa com o mercado. Atrai mais talentos, engaja mais as pessoas e gera relações mais próximas com fornecedores e franqueados."
Alberto Serrentino

"Tenho visto mais gente falar sobre o assunto, mas sem consistência, dentro de uma lógica mais mercadológica e menos baseada em propósito."
Fernando Modé

Ao longo da jornada deste livro, temos abordado diversos temas relacionados ao universo do varejo, iniciando no cliente e na cultura corporativa, passando por temas relacionados aos desafios estratégicos do varejo, até o desenvolvimento de novos modelos de negócios como os ecossistemas. Neste capítulo, vamos abordar a relação entre empresas e seu impacto junto às partes interessadas (clientes, fornecedores, parceiros, poder público), sociedade e meio ambiente.

A Responsabilidade social corporativa é abordada sob diferentes nomenclaturas. Durante a pandemia, foi resgatada e difundida a sigla ESG, que engloba as frentes de impacto ambiental, social e de governança das empresas. Questões climáticas e de preservação do meio ambiente, diversidade e inclusão e ações para mitigar carências nas comunidades que cercam os negócios fizeram parte da visão estratégica de diversas empresas – e o Grupo Boticário é um exemplo disso.

Trata-se de um dos maiores negócios do setor de perfumaria e cosméticos do Brasil, com uma extensa rede franqueada, milhares de colaboradores e uma ampla rede de revendedores que fazem a preocupação com o social estar sempre presente. Ao mesmo tempo, o Grupo Boticário tem em seu propósito e valores o foco com a construção de uma sociedade que respeita o meio ambiente e desenvolve produtos inovadores com o cuidado de utilizar matérias-primas naturais, coletadas de fontes renováveis.

O Grupo Boticário apresenta uma consistência histórica na prática da Responsabilidade social corporativa, uma agenda fundamental para o passado, o presente e o futuro da companhia – e cada vez mais relevante para o desenvolvimento estratégico dos negócios em todos os segmentos do varejo. A combinação de um propósito maior e de uma responsabilidade com impacto efetivo, incorporado ao modelo de negócios e aos indicadores, com os stakeholders (partes interessadas) efetivamente contemplados na estratégia e na operação, cria um negócio próspero e sustentável.

Traduzir a visão de Responsabilidade social corporativa em uma agenda consistente que contemple investidores, sócios, colaboradores, fornecedores e clientes não é uma tarefa simples – e o Grupo Boticário tem tido sucesso ao incorporar essa agenda a iniciativas, ações, modelo de gestão e estratégia do negócio.

Sustentabilidade

O Grupo Boticário não vê a agenda de Responsabilidade social corporativa separada das iniciativas de negócios. Dessa forma, ações de sustentabilidade e desenvolvimento social estão integradas às atividades do dia a dia. E é necessário que seja assim, para que o tema seja parte do propósito, dos valores e da cultura organizacional, sendo transmitido para todos os colaboradores e para o ecossistema de negócios de uma forma consistente.

Um exemplo da conjunção entre a agenda de negócios e a da Responsabilidade social corporativa está no desenvolvimento de produtos da empresa. Com cerca de 3.500 SKUs* comercializados em suas diversas marcas e canais, e com 6 mil novos produtos sendo desenvolvidos em diferentes estágios de maturação, a empresa tem na inovação um aspecto essencial para se manter fresca e relevante para os

* SKU (*Stock Keeping Unit*) é um código específico de cada item existente no sortimento de uma marca, permitindo identificar cada produto de maneira isolada.

consumidores. Atualmente, 30% do faturamento do Grupo Boticário vem de produtos lançados há menos de 12 meses.

Todo produto que entra nesse processo de desenvolvimento nasce de uma ideação que parte da necessidade dos consumidores e do entendimento do potencial das marcas e dos atributos que precisam ser agregados, como a sensação de um creme na pele e a percepção de valor. Da mesma forma como o estudo de viabilidade calcula aspectos financeiros do novo item, também leva em conta métricas de sustentabilidade, como a redução no uso de matérias-primas e recursos naturais. A análise também avalia a possibilidade de uso de materiais que possam ser reciclados com mais facilidade.

Na visão do Grupo Boticário, analisar o impacto de um produto ao longo de toda a cadeia de valor é necessário para diminuir sua pegada de carbono e o consumo de recursos como água, energia e matérias-primas. Chegar a impacto zero é impossível, pois é necessário usar algum recurso para transformá-lo em bens e serviços que sejam utilizados pelos clientes – mas é importante e desejável que o desperdício seja o mínimo possível.

Por isso, a empresa acompanha de perto métricas como o consumo de energia em cada atividade (seja no processo produtivo, na distribuição ou na venda) ou o uso de água na produção, chegando a uma medida da ecoeficiência de cada item. O desenvolvimento de produtos prioriza artigos mais ecoeficientes, pois eles têm menos impacto sobre a natureza.

Tudo é medido e para cada item existem metas definidas no plano estratégico. Metas que estão atreladas a incentivos como o bônus de final de ano das equipes. E faz muito sentido que esses pontos estejam alinhados, uma vez que a redução do uso de matérias-primas por meio de um processo produtivo mais sustentável também gera uma redução de custos, que se multiplica ao longo da cadeia de distribuição e dos anos do ciclo de vida de cada SKU.

A relação lógica entre sustentabilidade e redução de custos (que leva a uma melhora nos resultados operacionais) é simples de entender, embora nem sempre reflita diretamente uma relação de causa/consequência. Porém, a sustentabilidade também contribui em outras frentes, como a atração de colaboradores alinhados ao propósito da marca, o que aumenta a retenção das equipes e fortalece a cultura organizacional.

A agenda de sustentabilidade também cria valor na relação com o poder público, especialmente por meio de iniciativas como a Fundação Grupo Boticário (proteção à natureza) e o Instituto Grupo Boticário (ações sociais). Com a consistência adquirida por décadas desenvolvendo iniciativas de Responsabilidade social corporativa, a empresa consegue mensurar aspectos como o volume de hectares protegidos ou o número de pessoas que passaram pelos programas de treinamento.

De uma forma ampla, o engajamento socioambiental do Grupo Boticário melhora o relacionamento da empresa com fornecedores, franqueados, profissionais autônomos, entes públicos e a sociedade em geral. O posicionamento sempre relevante da empresa nos rankings que medem a força das marcas mostra que essa é uma estratégia que gera frutos de diversas formas e de longo prazo.

Com uma visão sobre sustentabilidade que vem do fundador e foi transferida a toda a liderança (e dali para todo o ecossistema), o Grupo Boticário procura analisar todo o impacto positivo ou negativo de suas ações para o meio ambiente e a sociedade. Essa é uma agenda que ganhou força nos anos 1990, quando ativistas como Betinho estimulavam as empresas a publicar não apenas seu balanço contábil-financeiro, mas também um balanço social, refletindo o que elas entregavam de positivo para a sociedade.

Trata-se de um mecanismo que orienta o Grupo Boticário há décadas – e que passa por aspectos essenciais, como a atuação ética, com cumprimento às regras e exigências legais, mesmo que elas imponham restrições ao negócio. Para a companhia, é impossível que uma empresa se lance no sentido da Responsabilidade social corporativa sem formalizar suas operações, sem criar transparência sobre sua atuação no mercado e sem fazer mais do que o estritamente exigido legalmente.

Diversidade

A questão da diversidade se apresenta de várias maneiras em uma agenda de Responsabilidade social corporativa. Uma delas é a diversidade de gênero. Para o Grupo Boticário, trata-se, acima de tudo, de uma questão de respeito às pessoas.

É isso que leva a empresa, por exemplo, a oferecer licença-paternidade em termos muito mais generosos que a lei. Enquanto a

Constituição Federal determina 5 dias, e a ampliação para pelo menos 60 dias está em tramitação no Senado, no Grupo Boticário ela é de 120 dias, equivalendo ao tempo que as mulheres têm. A avaliação da empresa é que, qualquer que seja o arranjo de sociedade conjugal, a presença de um filho exige a presença dos pais (e não apenas da mãe).

Esse é um tema importante também do ponto de vista da paridade da experiência de retornar ao trabalho depois de uma longa ausência – como tradicionalmente acontece com as mulheres após a gravidez. A licença-paternidade é compulsória no Grupo Boticário, contribuindo para a criação de filhos com a presença de ambos os pais, equalizando a situação competitiva na carreira e contribuindo para mais oportunidades de expansão feminina no mercado de trabalho.

No Grupo Boticário, Responsabilidade social corporativa se apresenta para a sociedade principalmente a partir de duas áreas. A primeira é a Fundação Grupo Boticário, que visa preservar a diversidade ecológica e contribuir para a discussão de ações climáticas e de preservação da natureza. Criada em 1990, foi uma das primeiras instituições constituídas no país com um mandato claro de sustentabilidade, quando o tema tinha uma visibilidade muito menor que hoje.

A Fundação é vista pela empresa como uma declaração de convicção, pois destina, de maneira perene, 1% do faturamento do Grupo Boticário para ações de preservação ambiental. Por ser uma pessoa jurídica separada, tem governança própria, se alinha a uma causa definida, possui um patrimônio próprio e está sujeita à supervisão do Ministério Público.

Uma parte importante do trabalho da Fundação Grupo Boticário em prol da diversidade ecológica é o apoio a iniciativas científicas, estimulando avanços na proteção ambiental e na preservação dos ecossistemas. Desde sua origem, a Fundação financiou mais de 1.700 projetos e viabilizou a descoberta de 178 espécies de animais e plantas, sendo a instituição privada que mais apoiou projetos de conservação no país até hoje.

Na atuação da Fundação, há uma linha importante: a criação de reservas naturais protegendo 11 mil hectares no Cerrado e na Mata Atlântica, que não geram a extração de recursos, mas conhecimento, fotografias e experiências. Uma das reservas, em Guaraqueçaba/PR, é aberta ao público, já teve mais de 320 espécies de aves registradas, sendo um dos pontos mais relevantes de avistamento de aves do Brasil, e já foi utilizada pela Netflix na gravação de documentários.

Inclusão

Associada à preocupação ambiental, vem a questão de educação, mobilização e ascensão social. Servindo milhões de clientes por meio de milhares de lojas, além de centenas de milhares de revendedoras que atuam especialmente em regiões mais vulneráveis, o Grupo Boticário entende que sua atuação está intimamente ligada à promoção do empreendedorismo.

Nesse sentido, iniciativas como as Empreendedoras da Beleza (formação profissionalizante em beleza, para capacitar e gerar renda para mulheres em situação de vulnerabilidade social, que já habilitou mais de 160 mil pessoas) e o Capacita & Acelera (gratuito, voltado para quem quer alavancar seu negócio por meio da educação financeira, e que já atendeu mais de oito mil pessoas) são parte de um amplo leque de ações próprias e de parceiros que visam gerar impacto social e transformar vidas.

Uma transformação que passa pelo pilar financeiro e gerou, dentro do Grupo, a criação da Mooz, uma empresa de pagamentos. Atuando como uma subadquirente e oferecendo diversos serviços financeiros, a empresa atua em pagamentos, crédito e banco digital para desenvolver projetos em toda a cadeia do negócio, como cartões-presente oferecidos para os clientes, estrutura de pagamentos para os franqueados, antecipação de recebíveis, gestão e análise de crédito e oferta de capital de giro.

A operação da Mooz tem um componente social e de inclusão claro, ao mesmo tempo que favorece o negócio como um todo por tirar atrito das operações e viabilizar melhores experiências para os clientes nas lojas, com um checkout rápido que funciona sem a necessidade de um terminal PDV (Ponto de Venda). Dessa forma, o processo de compra se modifica e se torna quase invisível na jornada do cliente. Atualmente, poucas lojas franqueadas do Grupo Boticário atuam com caixas tradicionais, mostrando a aderência de clientes e franqueados ao sistema de pagamento móvel.

Hoje, a Mooz analisa dados de cerca de cinco milhões de créditos de pessoas físicas por ano. A concessão de microcrédito, muitas vezes para pessoas não bancarizadas, é um aspecto importante para dar capilaridade à operação de vendas diretas. Com esse desenho, traz um componente de inclusão social, relacionado ao acesso a produtos, ao mesmo tempo que é positivo para os negócios e economicamente sustentável.

Responsabilidade social

A agenda de capacitação profissional e geração de oportunidades de emprego também é um aspecto relevante das práticas de Responsabilidade social corporativa do Grupo Boticário. A digitalização dos negócios aumentou a demanda por profissionais de tecnologia e existe uma significativa carência de pessoas capacitadas. Oferecer oportunidades de treinamento não apenas diminui o déficit de profissionais, mas dá a muitas pessoas a oportunidade de se recolocar no mercado de trabalho, perseguir uma nova carreira ou, pela primeira vez, sair de um ciclo de trabalhos informais.

O Programa Desenvolve, criado pelo Instituto Grupo Boticário, atua para inserir pessoas no mundo digital, criando oportunidades para a população de baixa renda, especialmente para mulheres, pessoas pretas e com mais de 45 anos de idade. Realizado 100% on-line e gratuito, o programa trabalha teoria e prática em uma primeira fase sobre Fundamentos de Dados e Inteligência Artificial (para 20 mil pessoas em 2025) e uma segunda fase (para mil pessoas qualificadas na primeira fase) sobre competências como UX Design, Engenharia de Dados e Desenvolvimento de Software.

A responsabilidade social não se traduz na empresa apenas por meio do Instituto: ela é parte do desenvolvimento de canais de relacionamento com o cliente. A estrutura de franqueados, bastante amadurecida, é formada majoritariamente por médios negócios – operadores com 5, 10, 20 lojas. Os quase 450 franqueados operando cerca de quatro mil pontos de venda em todo o país são a face mais visível da distribuição do Grupo Boticário – mas não a única.

Uma força de vendas diretas com centenas de milhares de pessoas consegue capturar valor e transacionar com os clientes de uma forma muito próxima, gerando experiências de compra relevantes que se revertem em negócios para o Grupo Boticário. Ao estimular as vendas diretas, capacitando as profissionais para conhecer os clientes, desenvolver métodos de venda e conseguir uma renda extra (ou mesmo fazendo com que esse modelo seja a principal fonte de renda das pessoas), a empresa tem um papel importante na construção de uma cultura empreendedora e na liberdade financeira, especialmente da população mais vulnerável.

A venda de itens de perfumaria e cosméticos, então, é uma forma de atender ao propósito de "criar oportunidades para a beleza transformar a vida das pessoas e, assim, transformar o mundo ao nosso redor". Para o Grupo Boticário, essa é uma forma de transformar as pessoas, a sociedade e o planeta.

Cultura e liderança

Ter o fundador do negócio muito próximo dele (Miguel Krigsner está presente no Conselho de Administração da empresa) dá ao Grupo Boticário um sólido alicerce cultural e de liderança, contribuindo para reforçar o propósito e os valores da empresa. Perenizar o negócio passa por disseminar a cultura e, ao mesmo tempo, atualizá-la aos tempos atuais, ressignificando-a sem abrir mão de sua essência.

Nesse processo, uma iniciativa importante é, nas convenções do grupo, trazer os três CEOs da história da empresa (Miguel Krigsner, Artur Grynbaum e Fernando Modé) ao palco para compartilhar histórias, transmitir seus valores e reforçar a conexão emocional das lideranças com a companhia. Esse é um movimento intencional, no qual a alta liderança precisa investir um tempo considerável. Para o Grupo Boticário, o CEO tem papel fundamental na disseminação da cultura. A estratégia, uma vez definida e lançada, precisa ser sustentada por uma cultura sólida.

Uma referência em Responsabilidade social corporativa, o Grupo Boticário naturalmente contribui para a disseminação de uma visão de mercado que alia pessoas, propósito e crescimento dos negócios. Sem a solidez de uma cultura que tem esses pontos como parte de seu DNA, porém, em muitas empresas o discurso se torna vazio, sem consistência, sujeito a uma lógica mercadológica que busca retorno de curto prazo.

Nos últimos anos, Responsabilidade social corporativa (ou a sigla ESG, que foi adotada pelo mercado) se tornou uma sinalização de virtude. Entretanto, a virtude precisa ser reconhecida pela sociedade, em vez de anunciada pela empresa. Por essa razão, a agenda responsável vem, neste momento, perdendo consistência em boa parte do mundo.

Em algum momento, haverá um novo equilíbrio. Boas empresas que lançaram iniciativas de Responsabilidade social corporativa sem tanta consistência em sua execução e comunicação de resultados têm sido cobradas, de maneira justa, e precisam se adequar. Consumidores cobram, a sociedade exige, e as empresas se adaptam.

É possível desenvolver uma agenda consistente de Responsabilidade social corporativa, mas para isso é necessário desenvolver conhecimento interno, conectado à cultura da empresa e a seus indicadores, para que as ações gerem resultados palpáveis para a sociedade e para os negócios. As possibilidades são imensas, mas só podem ser aproveitadas com uma visão de longo prazo e com a conexão dessa agenda ao propósito do negócio.

Quem é Fernando Modé

Fernando Modé, CEO do Grupo Boticário desde 2021, é graduado em Direito pela Universidade de São Paulo, Especialista em Direito Tributário e Mestre em Direito Econômico e Social pela PUC/PR. É autor do livro Tributação Ambiental – A Função do Tributo na Proteção do Meio Ambiente, *uma das primeiras obras no Brasil a tratar da tributação como meio de impulsionar a sustentabilidade. Tem mais de 25 anos de dedicação ao Grupo Boticário, onde começou como Gerente Jurídico, foi CFO e Vice-Presidente Corporativo. É um exemplo de promoção de uma "prata da casa" ao cargo de CEO, após uma ampla experiência interna e uma preparação constante.*

GrupoBoticário

Fundado em 1977 como uma pequena farmácia de manipulação, o Grupo Boticário é hoje a maior rede varejista de cosméticos e perfumaria – e uma das maiores redes de franquias – do Brasil. Fruto do sonho empreendedor do fundador Miguel Krigsner, que queria construir uma marca de beleza 100% brasileira com produtos de alta qualidade, o Grupo Boticário tem hoje quase quatro mil pontos de venda, além de uma estrutura de vendas diretas e presença em 120 mil lojas multimarcas.

A empresa ultrapassa R$ 30 bilhões em faturamento anual (GMV) e se posiciona como um ecossistema de beleza com suas marcas Boticário, Eudora, Quem Disse, Berenice?, Vult, Beleza na Web, Triss, OUI, Dr. Jones, Tô que Tô Cosmetics, Au.migos Pets. Além disso, o ecossistema do Grupo Boticário oferece soluções financeiras (Mooz), tecnologia (Casa Magalhães e GAVB) e conta com atuação socioambiental importante por meio do Instituto Grupo Boticário (empreendedorismo social) e Fundação Grupo Boticário (preservação da natureza e incentivo à ciência).

FERNANDO MODÉ E RESPONSABILIDADE SOCIAL CORPORATIVA

"O Grupo Boticário não vê a agenda de Responsabilidade social corporativa separada das iniciativas de negócios."

"Analisar o impacto de um produto ao longo de toda a cadeia de valor é necessário para diminuir sua pegada de carbono e o consumo de recursos naturais."

"A sustentabilidade também contribui em outras frentes, como a atração de colaboradores alinhados ao propósito da marca, o que fortalece a cultura."

"É impossível que uma empresa se lance no sentido da Responsabilidade social corporativa sem formalizar suas operações e sem fazer mais do que o exigido legalmente."

"Desde sua origem, a Fundação Grupo Boticário financiou mais de 1.700 projetos e viabilizou a descoberta de 178 espécies de animais e plantas."

"A estratégia, uma vez definida e lançada, precisa ser sustentada por uma cultura sólida."

ANEXO

Visões dos CEOs sobre o varejo

Centralidade no cliente

"Quem está na operação, em contato com o cliente, tem uma visão muito mais clara sobre o que é preciso fazer para melhorar."
Belmiro Gomes

"Quanto mais você cresce, mais precisa ter cuidado para não criar uma desconexão entre o que acredita que está entregando e o que o cliente enxerga."
Belmiro Gomes

"Não sou uma pessoa de tecnologia, mas entendo da cabeça do consumidor. Lá atrás, quando surgiu o Second Life, com uma proposta revolucionária, para mim estava claro que ainda não era uma experiência legal para o cliente."
Sergio Zimerman

"Todos nós temos a capacidade de pensar como consumidor. Precisamos ter esse olhar para avaliar a experiência de compra no aplicativo ou entender o que não está funcionando quando o cliente quer fazer uma devolução."
Sergio Zimerman

"Será que a empresa está respondendo à altura do seu consumidor? Ainda que você esteja bem na comparação com seu setor, no mundo interconectado isso não é mais suficiente."
Sergio Zimerman

"As grandes oportunidades que temos aparecem nos momentos de falhas. Se um cliente não conseguir trocar um produto na concorrência e vier aqui trocar, é uma chance de fidelizarmos."
Sergio Zimerman

"O fundamento mais importante é ter foco no cliente, acima das questões do dia a dia, como a meta ou a cobrança feita pelo chefe."
Paulo Correa

"Pule na direção do cliente, abrace a oportunidade de fazer a vida das pessoas melhor, mais interessante e mais fácil."
Paulo Correa

"O digital nos ajuda em questões operacionais, como a ruptura. Se começo a negar um produto no e-commerce, o time da loja verifica se realmente o item está indisponível. E isso ajuda o cliente na loja."
Marcelo Pimentel

"Estamos aqui para servir. O chocolate é um canal, mas o importante é a conexão com o consumidor."
Alê Costa

"Nos perguntamos todos os dias como resolvemos os problemas e fazemos os consumidores mais felizes."
Alê Costa

"Não há estratégia que seja melhor do que ser verdadeiro para o cliente."
Alê Costa

"Todo produto que criamos começa sua ideação no consumidor, do entendimento de sua necessidade."
Fernando Modé

"A gente não contrata um gerente fora do nosso ecossistema há mais de 20 anos. As pessoas são formadas dentro da companhia para assumir as farmácias no Brasil inteiro."
Marcilio Pousada

"Temos um projeto interno chamado 'retorne para sua casa'. Abrimos em 2024 a loja de número 3.000 em Itapipoca (CE). O gerente da loja foi um colega nosso cuja família é de lá e ele pode voltar para a cidade trabalhando com a gente."
Marcilio Pousada

"O comércio é feito por gente. Por isso, as pessoas são nosso ativo mais importante – tanto que em 2012 criamos a Universidade Assaí como um centro de formação técnica e cultural."
Belmiro Gomes

"Trate o cliente como você gostaria de ser tratado, trate o seu subordinado como você gostaria de ser tratado e trate sua empresa como se fosse sua casa."
Belmiro Gomes

"O que faz a diferença entre nós e a concorrência é a cultura, baseada em uma busca permanente de evolução, uma crítica muito forte sobre nós mesmos e ouvir muito a base, quem está lá na ponta."
Belmiro Gomes

"A liderança por inspiração, por inclusão, não tem níveis hierárquicos. Todos os papéis dentro da empresa são importantes."
Belmiro Gomes

"No Magalu, somos movidos pelo propósito da marca, que é trazer para acesso de muitos o que é privilégio de poucos. Temos uma visão muito inclusiva."
Fred Trajano

"A maior transformação das lojas é cultural – e, para ela acontecer, o colaborador precisa entender seu novo papel na jornada dos clientes."
Marcelo Pimentel

"Temos o programa do Crachá Dourado, que é o reconhecimento de colaboradores que trazem ideias disruptivas que são aplicáveis em toda a rede. O QR Code na área de vinhos surgiu desse programa."
Marcelo Pimentel

"Para abrir mil lojas em um ano, precisamos de pessoas que entendam as razões por trás do que fazem."
Alê Costa

"A liderança precisa estar junto, andar junto com o time, explicar as coisas. Precisamos cada vez mais nos comunicar."
Alê Costa

"Quando falamos de nossos investimentos em novos equipamentos, em uma fábrica ou na distribuição, estamos mostrando para o time que nossa proposta de valor é crescer – e fazer o time crescer junto."
Alê Costa

"Essa é uma empresa que não trabalha duro: trabalha bastante, e curte a caminhada."
Alê Costa

"A liderança tem que trabalhar para baixo no organograma. Tem que fazer o funcionário feliz."
Alê Costa

"É preciso manter a coerência entre o que se fala e o que se faz, verdadeiramente olhando nos olhos das pessoas e praticando a verdade."
Alê Costa

"A empresa precisa viver seu propósito todos os dias. Esse é o maior poder que ela tem."
Alê Costa

"Uma das principais essências que temos e nutrimos em nossas relações é o sucesso público responsável. Nosso time se identifica fortemente com esse ponto, que reforça nossa cultura."
Fernando Modé

Modelo operacional

"O varejo fica olhando para a IA, o assistente virtual, o futuro, que é legal, mas está deixando um caminhão de dinheiro na correção das anomalias do dia a dia do negócio."
Marcilio Pousada

"Eu tive o maior privilégio que um empresário pode ter, que foi ter quebrado. Quando esse momento serve de aprendizado, ele vale por 10 MBAs, porque são lições de vida muito fortes que te marcam para sempre."
Sergio Zimerman

"Trabalhamos em treinamento multifunção para as equipes, para que os colaboradores no piso de vendas saibam ter múltiplas atuações na loja."
Marcelo Pimentel

"Em um supermercado premium, às vezes a gente acha que tem que ter todos os produtos. Mas na busca pelo tudo, você acaba não tendo nada, pois não tem profundidade de estoque."
Marcelo Pimentel

"Fizemos uma redução de sortimento inteligente, apenas com aquilo que é relevante para o cliente. Dessa forma, reduzimos a ruptura pela metade e melhoramos a experiência do cliente."
Marcelo Pimentel

"Aumentamos a especialização técnica do nosso time nos pontos de contato com o cliente, e isso mudou o cenário da eficiência operacional."
Marcelo Pimentel

"A alta volatilidade dos juros obriga as empresas a ter uma agenda de resultado. A não ser que você queira estar fora do mercado em pouco tempo, precisa focar no resultado do negócio."
Fred Trajano

"Disciplina estratégica tem a ver com a priorização e a alocação de investimentos – e eles precisam dar retorno para a companhia."
Fred Trajano

Loja *hub*

"Equilibrar custo de servir, nível de serviço, e fazer disso algo sustentável não é simples, mas é essencial para escalar com qualidade."
Sergio Zimerman

"Os serviços financeiros agregam valor para os clientes, com benefícios que são oferecidos nas lojas. Somos ainda tímidos nesse sentido, mas há muitas oportunidades que podemos explorar."
Marcelo Pimentel

"Nossa experiência de delivery mostrou que era essencial colocar as lojas na distribuição omnicanal. À medida que as lojas absorveram o e-commerce, elas cresceram e deixaram de ser deficitárias."
Marcelo Pimentel

Novo marketing

"O cartão private label tem um papel muito mais de trazer fidelização e relacionamento do que em prover crédito."
Paulo Correa

"Alavancamos as vendas durante a pandemia porque antes disso, em 2017, começamos a registrar informações sobre o cliente a partir do programa fidelidade C&A&VC."
Paulo Correa

"É preciso organizar uma base de dados única, capturar as informações de um jeito simples que não seja chato ou irritante para o cliente e entregar de volta ofertas e histórias interessantes."
Paulo Correa

"Fizemos um concurso para escolher os influenciadores digitais internos, para gerar conteúdo. Em um mês de implementação, eles tiveram 2 milhões de visualizações, falando com propriedade sobre seu dia a dia."
Marcelo Pimentel

Varejo tech

"A união da nuvem com a Inteligência Artificial vai permitir a personalização da relação com o consumidor em uma escala que ninguém está fazendo ainda."
Marcilio Pousada

"A IA vai permitir a automação de muitas das coisas que se fazem no negócio de varejo."
Sergio Zimerman

"Os hackers tentam invadir as empresas para obter ganhos financeiros. Precisamos estar sempre com o muro um pouco mais alto que outras empresas, porque os criminosos buscam sempre os caminhos mais fáceis."

Sergio Zimerman

"É preciso ter cuidado com a tecnologia, pois ela precisa resolver problemas dos clientes, e não criar mais relatórios e dispersão. O ser humano tem uma capacidade infinita de arrumar tarefas desnecessárias."

Belmiro Gomes

"Temos uma promessa grande com Inteligência Artificial – não podemos deixar ela se transformar em um novo Metaverso."

Belmiro Gomes

"A tecnologia nos dá a possibilidade de conversar com o cliente mais vezes e levarmos mais conteúdo para ele."

Paulo Correa

"Temos agora uma Inteligência Artificial que ouve o call center e vai direcionando o operador na interação com o cliente. Isso ajudou demais na experiência e mudou completamente o nível de assertividade e resolução."

Marcelo Pimentel

"Tecnologia é essencial para ter um serviço que encante o consumidor. E não é de hoje."

Alê Costa

"Não é simples ter 22 mil pessoas engajadas e orientadas ao cliente. A tecnologia está a serviço disso."

Alê Costa

Canais digitais e omnicanalidade

"Expandir o mercado endereçável é uma avenida de crescimento importante. A gente vê que o Brasil vai avançar muito em categorias como Alimentos e Bebidas ou Moda, em que a participação do e-commerce ainda é baixa."
Fernando Yunes

"O Mercado Pago é fundamental em nossa estratégia. É um diferencial competitivo com alto valor estratégico, que flexibiliza o checkout e nos permite estar presente no varejo físico. Com ele, somos a maior fintech da América Latina."
Fernando Yunes

"Na omnicanalidade, a parte mais fácil foi a tecnologia. Complexo foi fazer com que a operação do mundo físico pudesse responder bem a essa velocidade da tecnologia."
Sergio Zimerman

"O grande desafio é garantir que o produto que está no estoque realmente está na loja. Criamos processos e cultura para que as pessoas entendessem que os produtos têm um lugar certo no estoque."
Sergio Zimerman

"É preciso alinhar os interesses das pessoas para que a omnicanalidade funcione."
Sergio Zimerman

"Não acho que a gamificação é o futuro. É quase uma loucura, uma coisa viciante."
Marcilio Pousada

"Colocamos o C&A Pay dentro do aplicativo de compras, para que o cliente tenha uma jornada unificada."
Paulo Correa

"Omnicanalidade também está nos meios de pagamento. Hoje, nosso cliente pode pagar com um sorriso, se quiser, sem precisar lembrar da senha ou usar o cartão."
Paulo Correa

"Quando decidimos encerrar a operação do James Delivery, embarcamos o motor de última milha no app – e aí começamos a melhorar a experiência digital."
Marcelo Pimentel

"Quando integramos a loja física ao digital, ficamos muito mais próximos dos clientes e reduzimos dramaticamente o custo logístico."
Marcelo Pimentel

"Por causa dos marketplaces, não preciso necessariamente estar presente em todo o Brasil com lojas físicas para vender. Parcerias nos permitem chegar a estados onde não atuamos fisicamente."
Marcelo Pimentel

"Um exemplo de como a cultura mudou é que hoje a loja é que está empurrando o e-commerce. Os colaboradores percebem como o on-line impulsiona as vendas na loja."
Marcelo Pimentel

Retail media

"Retail media *nasceu na Amazon com foco no cliente, apresentando produtos que não estavam disponíveis no site."*
Daniel Mazini

"Não se trata apenas de rentabilidade, é uma questão de dar visibilidade aos vendedores parceiros da nossa plataforma."
Daniel Mazini

"Amazon Prime Day, Black Friday e Dia do Consumidor são eventos importantes – e os Ads impulsionam a venda dos parceiros e trazem muitos dados para nós."
Daniel Mazini

"Com Retail media*, a própria marca consegue identificar muito bem o comportamento dos seus consumidores."*
Daniel Mazini

"Com o Mercado Ads, os vendedores da plataforma têm um ROI extremamente atrativo e eles conseguem, em tempo real, definir o quanto investir, em que segmento, para qual audiência. Para o Meli, é muito interessante, porque é um negócio rentável e atrativo que ajuda a impulsionar todo o ecossistema."
Fernando Yunes

"Com nossa agenda de Retail media*, ampliamos nosso resultado financeiro, diversificamos as fontes de receita e geramos um ciclo positivo para o negócio."*
Fred Trajano

Ecossistemas de negócio

"O marketplace é um negócio menos volátil, em que não carregamos estoques e somos remunerados pelas vendas efetuadas."
Fred Trajano

"A prova do sucesso dos ecossistemas é o fato de que, mesmo diante de juros reais elevadíssimos, temos entregado resultado."
Fred Trajano

"Os ecossistemas de negócio cumprem um importante papel de diversificação de receitas, tornando a empresa menos dependente de ciclos econômicos."
Fred Trajano

"A empresa não pode querer atender todo tipo de consumidor e não ter todo tipo de colaborador. Isso vale para gênero, raça e orientação sexual."
Belmiro Gomes

"Temos todo um trabalho de profissionalizar as ONGs com as quais trabalhamos no maior programa de readoção do Brasil."
Sergio Zimerman

"Encaro essa agenda de uma forma pragmática. A diversidade faz com que você tome melhores decisões e essa é a melhor opção para o negócio."
Fred Trajano

"Atendemos um público diverso, então é importante que a liderança tenha essa diversidade representada. Não é uma questão de agenda woke, é uma agenda pragmática."
Fred Trajano

"Temos 42% de presença feminina em nosso Conselho de Administração. E elas nos fazem ter uma visão mais holística do negócio."
Fred Trajano

"A agenda de diversidade nos conecta com o consumidor. É por isso que temos um NPS próximo de 80."
Fred Trajano

"Nossos programas de trainee para pessoas negras e de metas de mulheres e negros na liderança não existem porque queremos sair bonito na foto. Eles existem porque é importante para o negócio."
Fred Trajano

CONCLUSÃO

A jornada que percorremos em nossa iniciativa 10+10 btr varese foi rica, inspiradora e de muito aprendizado. Partimos do desejo de celebrar os 10 anos de nossas empresas e retribuir um pouco do que o varejo tem nos dado. Construímos a lista dos 10 temas mais relevantes para o futuro do varejo em nossa visão. Para mergulharmos em cada um deles, convidamos 10 CEOs de grandes empresas que atuam no varejo brasileiro que respeitamos e admiramos e com os quais temos o privilégio de conviver, colaborar e, principalmente, trocar visões e percepções sobre o varejo e seus desafios.

Iniciamos a jornada discutindo entre nós os 10 temas, no nosso "Episódio Zero" que abriu a série de podcasts 10+10. Depois, gravamos 10 episódios, cada um com um dos 10 CEOs, discutindo e aprofundando os 10 temas, recheados por exemplos vindos dos 10 casos. Essa jornada nos trouxe muito aprendizado e a confirmação de que elegemos questões estratégicas fundamentais que precisam ser abordadas por empresas e líderes de varejo, para que possam equilibrar prioridades estratégicas e execução, na busca por crescimento sustentável, competitividade e perenidade.

Este livro consolidou nossa visão sobre os 10 temas e os insights e visões dos 10 CEOs, cada um deles coautor de um dos capítulos.

O varejo, historicamente, passou por diversos ciclos de evolução que mudaram formatos, modelos operacionais e de gestão. A partir do surgimento do comércio eletrônico nos anos 1990 e da progressiva digitalização de consumidores e negócios, o varejo foi desafiado em seu modelo de negócio. A pandemia provocou aceleração digital e vivemos agora o ciclo de maior transformação da história, impulsionado pela Inteligência Artificial.

Nossa visão parte da capacidade das empresas de desafiarem a cultura, valorizando sua história e seu legado, mas incorporando elementos fundamentais para os desafios do negócio. Colocar o cliente no centro, repensar o desenho organizacional, disseminar elementos de cultura digital e novos indicadores se tornam pilares fundamentais. A partir deles, a arquitetura estratégica deve considerar o novo papel do marketing e da loja física, o modelo operacional, a estrutura de canais e formatos com experiência unificada para o cliente. Tecnologia ganha relevância estratégica e passa a ser incorporada como elemento central do negócio, empoderando processos e decisões. A Inteligência Artificial pode gerar saltos em produtividade e eficiência operacional, além de viabilizar a personalização em escala na relação com os clientes. Isso pode levar a novos modelos de negócio e deve estar ancorado em propósito, princípios, valores e responsabilidade social corporativa.

As reflexões e os insights trazidos por 10 CEOs que lideram algumas das maiores e mais bem-sucedidas empresas de varejo com atuação no Brasil permitem complementar e enriquecer os temas estratégicos, com exemplos práticos e experiência acumulada que podem inspirar líderes e gestores de varejo.

Alberto Serrentino e Eduardo Terra

GALERIA DE FOTOS

GRAVAÇÕES DOS PODCASTS

Alberto Serrentino e Eduardo Terra

Daniel Mazini

Fernando Yunes

Belmiro Gomes

Marcilio Pousada

Sergio Zimerman

Fred Trajano

Paulo Correa

Marcelo Pimentel

Alê Costa

Fernando Modé

JANTAR COM OS COAUTORES E PATROCINADORES DO 10+10

EM PÉ: Sergio Zimerman, Eric Secco, Fernando Modé, Enio Garbin, Massimo Enea, Daniel Mazini, Belmiro Gomes, Marcilio Pousada, Rivaldo Leite, Marcos Loução, Marcelo Pimentel, Paulo Brammer.

SENTADOS: Alê Costa, Rafaela Rezende, Fernando Yunes, Alberto Serrentino, Eduardo Terra, Fred Trajano, Paulo Correa.

Jantar com os coautores e patrocinadores do 10+10

10+10

Jantar com os coautores e patrocinadores do 10+10

Jantar com os coautores e patrocinadores do 10+10

Jantar com os coautores e patrocinadores do 10+10